O CREMATÓRIO FRIO

JÓZSEF DEBRECZENI

O crematório frio
Um relato de Auschwitz

Tradução do húngaro
Zsuzsanna Spiry

Copyright © 1950, 2024 by Herdeiros de József Debreczeni

Grafia atualizada segundo o Acordo Ortográfico da Língua Portuguesa de 1990, que entrou em vigor no Brasil em 2009.

Esta obra é uma versão revisada da segunda edição, publicada em 1975.

Título original
Hideg krematórium

Capa
Jonathan Bush

Imagem de capa
Der Weg, de Katja Lang. Drypoint, 30 x 29 cm

Imagem da p. 241
Alexander Bruner

Mapa
Laura Hartman Maestro, diagrama original cortesia do Museu Memorial do Holocausto dos Estados Unidos

Preparação
Cacilda Guerra

Revisão
Carmen T. S. Costa
Huendel Viana

Dados Internacionais de Catalogação na Publicação (CIP)
(Câmara Brasileira do Livro, SP, Brasil)

Debreczeni, József, 1905-1978
   O crematório frio : Um relato de Auschwitz / József Debreczeni ; tradução do húngaro Zsuzsanna Spiry. — 1ª ed. — São Paulo : Companhia das Letras, 2024.

   Título original: Hideg krematórium.
   ISBN 978-85-359-3939-2

   1. Auschwitz (Campo de concentração) – Autobiografia 2. Debreczeni, József, 1905-1978 3. Guerra Mundial, 1939-1945 – Prisioneiros e prisões – Alemanha 4. Holocausto judeu (1939-1945) – Sérvia – Narrativas pessoais 5. Judeus húngaros – Sérvia (Voivodina) – Autobiografia 6. Voivodina (Sérvia) I. Título.

24-223509   CDD-940.5318092

Índice para catálogo sistemático:
1. Holocausto judeu : Memórias autobiográficas   940.5318092

Cibele Maria Dias – Bibliotecária – CRB-8/9427

Todos os direitos desta edição reservados à
EDITORA SCHWARCZ S.A.
Rua Bandeira Paulista, 702, cj. 32
04532-002 — São Paulo — SP
Telefone: (11) 3707-3500
www.companhiadasletras.com.br
www.blogdacompanhia.com.br
facebook.com/companhiadasletras
instagram.com/companhiadasletras
x.com/cialetras

Ao espírito de meus entes queridos

Sumário

O crematório frio.. 13

Epílogo.. 243

Posfácio: A língua da verdade — Michel Laub.............. 245

Glossário... 251

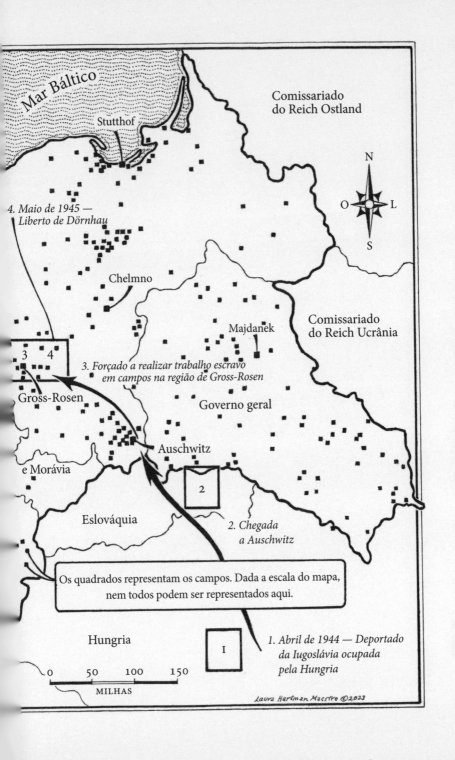

Mit érhet ez vagy az,
Míg grasszálhat a gaz,
Nem fojtja meg a piszka.

Mit ér a tél, a nyár,
Ki megölte anyám,
Él még tán a fasiszta.

Lehet, hogy él, lehet,
Lélegezhet, ehet,
Feloldja tán a pap.

Nem hajszolják a rémek,
Felé is száll az ének,
Rá is süt tán a nap.

Mit ér a hős, a jós,
A költő és tudós;
Akarhatunk-e jót?

Anyák hiába szültek,
Gázkamrába kerültek,
Gyerekek, csecsszopók.

S röhög megint a váz,
Fortyog megint a gáz;
Idő új poklot őröl.

A gyilok és atom,
Szörnyű együtthatón;
Kezdik megint elölről...

Mit vár az ember és
Mivégre mellverés?
Halálra szánt tusa?

A múlté már a vád,
Ölt új egyenruhát
Anyámnak gyilkosa.

O que pode valer isso ou aquilo,
Até onde o infame difamará,
Sua merda não o sufoca.

O que vale o inverno, o verão,
Aquele que assassinou minha
                              [mãe,
O fascista talvez ainda viva.

Quem sabe ainda vive,
Pode ser que respire, coma,
Talvez o padre o absolva.

Os fantasmas não o perseguem,
Ele também ouve a música,
Quem sabe o sol até o ilumina.

De que vale o herói, o vidente,
O poeta e o sábio;
Pode-se almejar o bem?

Em vão deram à luz, mães
Para a câmara de gás foram,
Bebês, chupetas.

O esqueleto novamente
                              [gargalha,
Também o gás borbulha;
O tempo mói um novo inferno.

Matador e átomo,
Coeficiente terrível;
Recomeçam desde o início...

O que a gente espera e
De que serve o mea-culpa?
Estocada dedicada à morte?

A culpa já pertence ao passado,
Ele veste um uniforme novo
O assassino de minha mãe.

*József Debreczeni com sua esposa, Lenka,
e seus pais, Sidonia e Fabian.*

PARTE I

1.

O longo comboio era composto de vagões de carga baixos, com identificação alemã. Estava se preparando para parar.

— Paramos — a palavra correu entre aqueles homens desfalecidos, apáticos.

Pressentimos que nosso destino estava próximo. Há dois dias e meio, em Bácstopolya,* eles nos colocaram nos vagões; desde então, só tivemos duas paradas de mais de um ou dois minutos. Na primeira vez nos deram uma sopa rala, servida através de uma abertura tão pequena que por ela só passava uma mão. Na segunda, o trem desacelerou num descampado. Os ferrolhos giraram rangendo, e a voz dos soldados alemães em uniformes verdes ressoou autoritária:

— *Aussteigen! Zur seite! Los! Los!***

---

* Optou-se por não traduzir ou atualizar o nome das localidades citadas no original em húngaro a fim de manter a fidelidade à época dos eventos. [Esta e as demais notas ao longo do texto são da tradutora.]

** "Saiam! Para o lado! Vamos! Vamos!", em alemão.

Tínhamos parado à beira de uma pequena floresta entapetada com flores. Onde será que estávamos: Hungria, Eslováquia, ou talvez em solo polonês? Os algozes de uniformes verdes anunciaram que podíamos fazer nossas necessidades.

— É proibido entrar na mata! Atiraremos a qualquer movimento suspeito!

Várias centenas de pessoas correram aos trancos e barrancos na direção do exíguo local indicado. Os olhos sonolentos das avozinhas espelhavam o terror grotesco. Seis dias antes elas ainda estavam sentadas em suas belas poltronas antigas conversando sobre o almoço de domingo. Ouviam rádio na sala das casas de campo ajardinadas e esperavam notícias dos netos que prestavam serviço militar.

Senhoras. Ainda ontem borrifavam água-de-colônia no colo e nos braços e, ao se sentar, cuidadosamente cobriam os joelhos com a saia.

Moças. De quinze, dezesseis, dezessete anos. Tinham aprendido a fazer mesuras. Deixaram livros escolares em casa e talvez algumas tímidas cartas de amor guardadas em caixas de bombons decoradas com fitas e rendas. Flores silvestres prensadas entre as páginas de seus diários.

Homens. Velhos e jovens. Estudantes de olhar perdido, adolescentes de cabelos desalinhados. Homens, maduros, de meia-idade, anciões. Correm, como correm. Havia dois dias que não podiam defecar. Abrem as pernas, se agacham. Apáticos, de cócoras, animalescos. A urina se acumula em poças. À sua volta, soldados vestidos com uniformes verdes novinhos em folha vigiam atentamente. Nos rostos recém-barbeados, nem um único traço se move. Não são humanos. Aqueles de cócoras, também não mais.

Acho que em algum lugar da Europa Oriental, na orla desse bosque florido, ao longo da linha do trem, ocorreu a prodigiosa metamorfose. Foi lá que a carga humana do trem infernal lacrado com chumbo se transformou em seres animalescos. Do mesmo jeito que todos os outros; as centenas de milhares que a demência derramou de quinze países para dentro das fábricas da morte e das câmaras de gás.

Nesse momento, eles nos puseram de quatro pela primeira vez. O trem desacelera...

Dentro do escuro dos vagões o resto de vida se mexe. No nosso, dentre os sessenta seres humanos que foram amontoados em Topolya, 56 ainda mostram algum sinal de vida. A maioria aqui reunida é do sul e da região central de Bácska. Os cadáveres foram jogados uns sobre os outros num dos cantos do vagão. Durante o trajeto até aqui, o terror brutal, a fome, a sede e a falta de ar já mataram quatro deles. O primeiro foi o velho Mandel, o carpinteiro idoso, um bom amigo de meu pai. O velho Mandel fez os móveis de muitas moças casadouras de Bácska, sempre com solidez e honestidade. O velho carpinteiro morreu, creio eu, porque lhe tiraram os cigarros. Ao longo de sessenta anos, ele fumou cerca de cinquenta cigarros por dia. Jamais um mortal viu o velho Mandel sem um cigarro aceso no canto da boca. No campo de Topolya, junto com suas joias e dinheiro, seu estojo de tabaco também foi confiscado. Durante 24 horas, perplexo, recalcitrante, alucinado, o velho Mandel ficou parado, o olhar fixo à frente. Petrificou-se diante daquela massa disforme, um apinhado de corpos humanos a exalar vapores fétidos. Sua mão envelhecida, metamorfoseada na cor do mogno pelos sessenta anos de trabalho, às vezes se movia mecanicamente. Como se ela estivesse segurando um cigarro. O velho Mandel segurava o nada entre os dedos indicador e médio e levava o cigarro imaginário aos lábios murchos. Tal como crianças brincando de fumar, ele soprava fumaça. Fazia até bico com os lábios. Depois de Érsekújvár, a cabeça grisalha pendeu para o lado. Sua morte não foi um acontecimento. Aqui a morte não poderia mais ser um acontecimento. O dr. Bakács, de Újvidék, por um instante inclinou a cabeça atormentada sobre o colete de pele puído. Acenou, apático. O próprio dr. Bakács já estava num estado péssimo. Talvez estivesse pensando que dali a umas doze horas sua própria morte seria constatada por outro médico do trem.

Dois enlouqueceram e, por longas horas a fio, tiveram ataques de fúria. De seus rostos lívidos, terríveis globos oculares ensanguentados saltavam para fora, espalhando saliva espumosa por toda parte; tentavam fincar as unhas no rosto e nos olhos dos que estavam por perto. Esses, junto com aqueles que foram recolhidos nos outros carros, sem nenhuma cerimônia os soldados empurraram para dentro da floresta, sem mais nem menos, quando paramos para fazer nossas necessidades. Depois de alguns minutos ouvimos o som de metralhadoras. Um deles soltou uma ampla gargalhada ruidosa e deu uma cusparada.

Não, não nos entreolhamos. Para isso já estávamos a caminho fazia tempo demais.

A caminho... para onde?

De certo modo, fiquei surpreso comigo mesmo. Esse é o caminho... Szabadka, Budapeste, Érsekújvár. Ocorreu-me que ainda estou vivo e nem ao menos enlouqueci. De qualquer forma, não pensava muito. Para pensar — por mais que me resguardasse —, eu também precisaria de um cigarro. Mas nem sombra de cigarros.

Do minúsculo postigo do vagão, podem-se avistar as revoltas águas esverdeadas do lago Balaton. No 1° de maio tempestuoso e chuvoso, ondas se lançam com repugnância atrás do trem. Vejo Nagykanizsa. Sem diminuir a marcha, passamos rapidamente pela cidade, embora em Topolya o policial n° 6626 tenha dito que seríamos trazidos para cá para trabalhar.

— Não precisa ter medo — o n° 6626 sussurrou secretamente —, estão indo para Kanizsa e depois farão trabalho agrícola.

O n° 6626 era um camponês húngaro amável e sensato. Gritava para os detentos que circulavam no pátio carregando marmitas, puxando água do poço ou vagando cansados; no entanto — caso o guarda alemão não estivesse olhando —, piscava para nós com o jeito traquinas e amigável do personagem Kakuk Marci e balançava a cabeça.

Era maio de 1944, e nessa época poucos camponeses húngaros ainda eram seduzidos pelos nazistas a ponto de não notarem que os ex-membros do governo Döme Sztójay, László Baky, László Endre, Béla Imrédy e outros carrascos haviam perdido o jogo. Alguém tem que pagar pelo sangue, as lágrimas e os chutes.

Mas o nº 6626 se enganou nisso também. Não fomos para Kanizsa.

Insensatamente, o espelho do rio Dráva brilha. Na outra margem está a Croácia de Ante Pavelić. Portanto, a morte. Assim, bem no meio da vida. Aceno, tal como dez dias atrás meu professor de grego clássico, o sr. Lendvai, acenou da janela da sala dos professores da escola secundária de Zombor, com vista para a rua. Foi na frente da escola que eles nos colocaram em caminhões. Estou de pé no veículo. Tenho uma mochila nas costas, minha jaqueta tem uma estrela amarela feita por mim mesmo. Tamanho padrão. Paralisados pelo medo, o sr. Lendvai, que me deu nota máxima em 1924, e os outros professores olham para o caminhão apinhado de gente. Nossos olhares se cruzam e o sr. Lendvai acena de modo quase imperceptível. Entendi.

É o fim do mundo, o fim de tudo, é isso que significa o aceno do sr. Lendvai.

Nenikékasz Judaiae... nenikékasz Judaiae...*

---

* "Você venceu, judeu... você venceu, judeu...": transliteração húngara da frase "*Nenikekas Galilaie*", "Você venceu, Galileu", pronunciada pelo imperador romano Juliano, o Apóstata, no momento de sua morte.

No espaçoso pátio do campo de internamento de Topolya, os prisioneiros caminham. Os mais velhos andam em um ritmo lento, cabisbaixos, as mãos cruzadas atrás. Algumas pessoas se reconhecem com um meio sorriso entre lágrimas. Aqui está quase toda a equipe do outrora bem-sucedido jornal diário húngaro da Iugoslávia: editores, colegas de trabalho, antigos e novos. Encobrimos o desespero com cinismo. No rosto do gorducho e cardíaco Lajos Jávor, o eterno sorriso se congelou.

— Ontem eles juntaram as mulheres e as crianças — diz, e seus lábios esbranquiçados se contraem de modo estranho — em Szabadka, Zombor, Újvidék, em todos os lugares. Eles pegaram todo mundo.

O dr. János Móricz, outrora o editor-chefe, a quem uma vez, num misto de alegria e ansiedade, entreguei meu primeiro texto, enxuga seu pincenê e brada:

— Se você é tradutor literário, traduza isso para o húngaro.

Nos olhares, a desesperança se desnuda. Dentro do sórdido edifício de pedra vermelha, sacos de palha úmidos estão espalhados pelo chão. Os perseguidos, sentados sobre pilhas de malas e mochilas, olham fixamente para o nada, diante de si. Alguns ainda têm cigarros que conseguiram esconder dos desgraçados quando chegaram. Esses os desperdiçam e fumam sem parar. Aqui ninguém se importa com o amanhã. Nem com o próximo quarto de hora. O desespero não fica examinando o calendário nem faz planejamento. O amanhã parece tão irremediavelmente nebuloso quanto o próximo milênio, quando as pessoas provavelmente andarão de saia ou túnica, não haverá campos de concentração e talvez os inocentes deixem de remir culpas.

Amanhã… Quem se importa com o amanhã, se ontem também as mulheres foram presas? E as crianças. Mas por quê? Loucura criativa, por quê? Não temos coragem de terminar o pensamento. Lá em Topolya, somente alguns de nós já haviam ouvido falar um pouco sobre Auschwitz. As notícias sobre os horrores arrepiantes dos guetos poloneses vagamente chegaram até nós; com calafrios também lembramos da deportação de mulheres da Eslováquia, mas até ontem tudo isso ainda era distante e inconcebível. Nem agora ousamos pensar que eles estão nos arrastando para além da fronteira, milhares e milhares de inocentes. Tentamos nos consolar, a nós mesmos e uns aos outros, imaginando dificuldades técnicas.

— Agora os nazistas têm outros problemas com que se preocupar. Onde eles conseguiriam carvão, vagões, locomotivas e pessoas para realizar uma migração em massa dessas proporções?

Foi Béla Maurer, advogado e jornalista, quem fez esse comentário num tom que não tolerava contestação. De fato, observando suas feições, as notícias pareciam encorajadoras. O pensamento do trabalhador e do camponês húngaros ainda não havia sido obscurecido por completo pela loucura marrom.* Instintivamente ele sentia que as coisas iam de mal a pior. No boteco, os mais ousados falavam sobre os horrores que aconteciam. Ironizavam os pomposos relatórios de guerra, a linguagem forçada e floreada de "movimentos militares separatistas", "retiradas flexíveis", "reagrupamentos" e "novos posicionamentos". Em solo húngaro, os empolados alemães já eram vistos com olhares desconfiados. O povo já enxergava o que seus dirigentes não queriam ver: o batalhão de insurgentes da Wehrmacht,** cansado, abatido e com a barba por fazer, os broncos e impassíveis homens dos destacamentos da ss,*** cujos olhos cruéis já mostravam olheiras profundas sob os capacetes puxados sobre a testa, os moleques folgados de quinze ou

---

* Referência ao uniforme marrom do esquadrão de proteção nazista.

** Nome das Forças Armadas da Alemanha nazista, de 1935 até 1945.

*** Abreviatura de *Schutzstaffel* [esquadrão de proteção], organização paramilitar ligada ao Partido Nazista e a Adolf Hitler e que administrava os campos de concentração e de extermínio.

dezesseis anos escondidos dentro de camisas de lona; esse era o exército com o qual os "aliados" alemães ocuparam o país. Viram que teriam que tomar o caminho de volta, mas sabiam que não existia caminho de volta. Ruas vazias, persianas fechadas, rostos desconfiados, sombrios. O silêncio da espera inevitável pelo horror espreitava também nas aldeias de Bácska. A calmaria antes da tempestade, como que pisando em ovos, estava em alerta máximo.

Quando começamos a jornada de quatro quilômetros desde o pátio do campo em Topolya até a estação de trem, os velhos com mochilas, as crianças pequenas e as senhoras cansadas ainda não sabiam sobre Auschwitz. Mas os policiais húngaros empunhando baionetas, que tinham sido posicionados pelos alemães a intervalos de cinquenta metros em ambos os lados da rodovia, sim.

Nos olhos dos policiais ardia o ódio. Aquele ódio cuidadosamente plantado, cuja motivação não é questionada pelo "agente" treinado para seguir a palavra de comando. Mesmo assim, havia aqueles cuja humanidade modesta, camponesa, foi despertada pela experiência assombrosa. A boca de uma ou outra estátua armada se moveu para dizer:

— Deus abençoe vocês!

A multidão, meio desmaiada, cambaleante, nem mesmo percebe, mas a sinistra frase de despedida ainda ecoa em minha mente quando, de longe, vejo nosso comboio na estação ferroviária, em uma das plataformas. Os carros sinalizados como DR (Deutsche Reichsbahn, ou Ferrovia Nacional Alemã) falam um alemão mais alemão do que os soldados alemães do campo que os acompanham. Então, de fato, estamos sendo deportados. No melhor dos casos: câmara de gás. Na pior das hipóteses: trabalho insano, até a exaustão.

No entanto, como sentimos pena de nossos oito parceiros que se suicidaram quando veio a ordem para partir, e ficou claro que o campo húngaro nada mais era do que um local de recolhimento temporário. Enquanto podíamos viver acreditando que eles iriam nos manter ali ou que estavam nos direcionando para outro lugar dentro da Hungria, a coisa toda ainda era razoavelmente tolerável. Topolya, Bácska! Essa dualidade conceitual conhecida, esse pensamento de alguma forma mantinha o terror da completa desesperança à distância. Topolya ainda era um pedaço de nosso lar.

Diante de nossos olhares esperançosos, a dúbia, mas ainda não completamente afastada, segurança pessoal garantida pelas poucas sílabas do brilhante símbolo do "reino húngaro" no cinto dos policiais húngaros. Nós nos agarrávamos à paisagem familiar, na expectativa de que a lei ainda nos protegesse. O nazista húngaro pode ser tão cruel quanto o alemão. Pode até ser igualmente determinado, mas sua engenhosidade, sentíamos, ainda não havia evoluído para o sadismo das câmaras de gás.

2.

O trem desacelera...

Espichados, nos acotovelamos diante da portinhola com barras de ferro. Mais uma vez a abertura se tornou interessante. Nas últimas 24 horas, já mal olhamos para fora. O que poderia nos interessar? Apenas Rubinfeld às vezes olhava para fora.

Rubinfeld foi colocado no vagão anteontem à noite, em circunstâncias estranhas. Naquele momento também o trem havia diminuído a velocidade e depois parado. A porta do vagão foi aberta e um homem coberto de sangue foi empurrado para dentro por mãos desconhecidas. Ato contínuo, partimos novamente. É evidente que aquele foi o único motivo da parada. Quando penetraram os primeiros raios de luz ao amanhecer, Rubinfeld foi reconhecido por alguns de nós. Ele era um dos judeus refugiados de Lemberg, um dos muitos milhares de desafortunados que haviam sido expulsos de casa pelo movimento expansionista de Hitler e perseguidos por metade da Europa. Em seu calvário, andara por Viena, Praga, Varsóvia, Belgrado e Budapeste. Foi assim que viera parar em Bácska. Morou ali, quer dizer, ficou escondido em Újvidék por alguns meses. Às vezes driblava, às vezes subornava os detetives de controle de estrangeiros.

Levou duas horas para ele recobrar a consciência e poder contar o que havia acontecido. Em Topolya, os alemães tinham nomeado os chamados *Wagenältestes*, os mais velhos, como comandantes, um para cada veículo. A indicação ocorria com eles gritando para o trêmulo preso mais próximo:

— Seu judeu fedorento, você será o *Wagenälteste*! Então, o que você vai ser, seu judeu fedorento? — acrescentavam com um tom disciplinador.

— *Wagenälteste*.

— Isso mesmo. Sabe do que se trata?

— Não.

— Bem, então eu explico — o soldado verde-grama respondia de mau humor. — O *Wagenälteste* responde por cada judeu fedorento do vagão com sua própria cabeça. Se alguém escapar durante a viagem, você será morto imediatamente. *Ist es jetzt klar?**

— *Jawohl***— gagueja o infeliz.

Aliás, em nosso vagão, foi Sonnenthal, um advogado idoso que sofria de arteriosclerose avançada, quem recebeu a "honra" fatal. Mesmo em casa, mal havia vida no infeliz, mas por acaso era ele que estava mais perto da porta quando o soldado verde irrompeu no vagão e o "designou". Sonnenthal não discutiu. Contentou-se em correr os olhos rasos d'água sobre nós, suplicante, e gaguejou o seguinte:

— Vocês não vão fazer nenhuma bobagem, não é? Porque então… vocês sabem… sou eu que serei morto a tiros.

Entre nós realmente ninguém fez nenhuma "bobagem". De qualquer modo, só havia uma maneira de escapar, mas isso da

---

* "Está claro agora?", em alemão.
** "Sim", em alemão.

mesma forma significava morte quase certa. Se alguém forçasse as barras da pequena abertura da portinhola quadrada na altura de uma pessoa e fosse magricela o suficiente para tentar a empreitada, talvez conseguisse espremer o corpo através da estreita abertura. Então, em teoria, a possibilidade de um ser humano deixar aquele inferno em movimento existia. O que aconteceria depois é óbvio, já que não dá para realizar um salto planejado. Tudo dependia do ângulo da queda e do terreno em que ela aconteceria. Ninguém de nosso vagão tentou, mas no vagão onde Rubinfeld era o *Wagenälteste*, em um ataque de pânico um garoto de dezesseis anos tentou. Para esticar a grade, ele usou os poucos minutos da noite em que o vagão estava quieto, todos mergulhados numa espécie de transe entorpecido. Ele sabia que, se os outros percebessem, o teriam impedido. O plano deu certo, o rapaz conseguiu se esgueirar pela portinhola, mas no começo do comboio, no vagão do pessoal da segurança, o vigia viu a queda.

Um assobio agudo e curto perpassou o barulho da composição em movimento. Nosso trem parou por um minuto. Os membros da guarda saltaram e momentos depois constataram que o fugitivo havia sido esmagado até a morte nas lascas pontiagudas do barranco íngreme. Depois disso eles irromperam no vagão de Rubinfeld.

— Onde está o *Wagenälteste*? — um deles gritou.

Rubinfeld, lívido como papel, deu um passo à frente.

— Vocês ouviram o comando. Naquele vagão em que alguém tentar escapar o *Wagenälteste* será executado. Que o diabo o carregue, seu judeu porco! Atirar para matar! Ande!

Rubinfeld foi arrastado para fora. A metralhadora estalou na noite, e ouvimos de novo o apito do trem. Partimos.

Os companheiros do vagão de Rubinfeld agora acreditam que o *Wagenälteste* deles está morto. No entanto, os guardas, em um súbito ataque de generosidade — sentimento desencadeado talvez pela visão do corpo do rapaz esmagado nas pedras do aterro —, dispararam no ar, não nele. A vítima foi arrastada para dentro do vagão deles e se contentaram em espancá-lo com o cano da espingarda até deixá-lo inconsciente. Depois o corpo imóvel foi jogado dentro do vagão mais próximo. Por acaso, o nosso.

Foi assim que o judeu polonês de olhos tristes se juntou a nós. Levou horas para conseguirmos fazê-lo recobrar os sentidos. Tínhamos algodão, bandagens, antisséptico. Enfaixamos mais ou menos sua cabeça machucada, coberta de nódoas de sangue, grudado nos cabelos grisalhos.

Pelo resto da jornada, Rubinfeld se tornou nosso guia, nossa central de informações e nosso profeta. Infelizmente, um profeta em seu próprio país. Conhecia a região como a palma da mão. Em tempos de paz, ele estivera inúmeras vezes nas nossas bandas, durante suas viagens de negócios, conhecia cada linha e ramal ferroviário, cada paisagem, cada edificação lhe era familiar. Quando o trem passava pelas incontáveis intersecções e os estalos das rodas indicavam uma estação, Rubinfeld se levantava, caminhava até a janela e espiava noite adentro.

— Ainda não dá para ter certeza de para onde estão nos levando — repetiu no começo. — De sessenta a oitenta quilômetros a partir daqui, a linha se bifurca em duas direções.

Com seu sotaque típico, mencionou muitos nomes de estações polonesas.

— Por enquanto, com um pequeno desvio, pode ser a Áustria, pode ser a Alemanha, mas também pode ser a Polônia.

— E por acaso faz diferença? — suspiraram os ouvintes.

Rubinfeld respondeu, enfático:

— Faz. Sem dúvida faz. Áustria significa vida. Lá ainda haveria alguma chance de sobreviver a isso. Dá para ser mandado para um trabalho numa fazenda. O camponês austríaco não é cruel.

— E o Reich?

— Lá as chances são menores. Provavelmente trabalho em alguma fábrica. Ou construção de estrada de ferro. Ou talvez remoção de entulho em grandes cidades, sempre sob o perigo de ataques aéreos. Judeu não pode ir para abrigos antiaéreos. Jejum, cassetete. Não, é difícil sobreviver ao Reich.

Ficou em silêncio. O sangue vazou em sua cabeça por causa do curativo improvisado.

Mais tarde, novamente passamos por intersecções da ferrovia. Pela janela, a tímida aurora jorrava sua modesta luz em nossa direção. O terceiro dia nessa estrada maldita. Rubinfeld se forçou, de novo, a ficar de pé. Olhamos para fora. As rodas estalavam em um novo par de trilhos fazendo curva para o leste. À esquerda, os contornos vagos da estação com nome polonês confuso desvaneciam na distância.

Dessa vez, o velho se sentou de volta no banquinho sem olhar para ninguém.

— Auschwitz — disse, um pouco depois, baixinho, para si mesmo —, agora já é certeza. Essa estação foi a decisiva. É aqui que a linha se ramifica.

Havia muitas pessoas no vagão que ouviram a palavra pela primeira vez. Alguns se lembram de ter lido sobre um filme americano que mostrava o horror das câmaras de gás. Mas, é claro, o filme não tinha sido exibido na Hungria.

Auschwitz...

Depois da capitulação polonesa em 1939, Rubinfeld passara a morar nos guetos de lá. Entre nós, ele era o único que conhecia os pormenores da gigantesca fábrica da morte dos nazistas. Só poucas pessoas de pé, próximas a ele, ouviram suas palavras entrecortadas, ditas com voz sufocada. Nem estávamos demasiado curiosos. De qualquer forma, em breve faríamos parte dos sofredores daquele horror que ainda no dia anterior parecia nebuloso e distante.

Também havia entre nós pessoas que o encaravam incrédulas. Aqueles que tinham tido um estilo de vida burguesa, organizada, ainda eram afetados pelo que ouviam com o distanciamento do romance de horror. Porém os estalidos das rodas do trem da morte já disparavam a realidade na direção deles.

No final, tínhamos que acreditar. Assim o fizemos. De uma maneira surpreendentemente apática. Alguns ainda tinham o que comer. Não muito, porque, embora em Topolya não tivessem nos tirado a comida, as pessoas já haviam consumido a maior parte de seus parcos suprimentos. Os velhacos alemães, num afã de traição fascista, haviam se dado ao trabalho de avisar as vítimas, num tom de voz benevolente, que bastava levar víveres para durar 48 horas, pois nos campos elas receberiam alimentação. Assim, muitos já não tinham comida, mas repartíamos o que havia.

O terceiro amanhecer rapidamente se transformou em uma manhã de primavera ensolarada. A luz varreu o vagão escuro cheirando a sofrimento, permeou a cela impregnada com o cheiro bolorento dos corpos suados.

Era primavera, mas parecia que nosso bilhete para essa primavera já tinha perdido a validade.

Mais tarde — pelo terceiro dia agora —, o trem rodava de novo na velocidade-padrão. Pouco a pouco, deixamos para trás as montanhas que nos observavam ao longe. Passávamos por uma paisagem plana que lembra Bácska e Alföld — a grande planície húngara.

No início da planície, Rubinfeld voltou a falar:

— Em meia hora estaremos em Auschwitz.

A partir daí tudo se transformou num pesadelo entrecortado e angustiante, em que um sentimento de opressão tomou conta. Vimos criaturas vestidas com máscaras de Carnaval em extravagantes tapetes de terra verde-esmeralda. Moviam-se lentamente, com gestos em câmera lenta. Eles se curvavam, começavam a se mover, davam alguns passos e paravam. Homens vestidos em farrapos surrados, roupas civis puídas, outrora cinza, pretas e azuis, mulheres trajando roupas de operárias, peça única, marrom desbotado. Alguns usavam calças comicamente folgadas. Fantasmas e espantalhos. Nas roupas, manchas de tinta amarela e vermelha aleatoriamente salpicadas no peito, no meio das costas e nas calças. Do trem, a uma distância de algumas centenas de metros, parecia que balançavam ao ritmo lento de um triste cortejo fúnebre. Os fantasmas realizavam trabalho no campo.

O mais impressionante era o arrastar dos pés, que sugeria que carregavam algo pesado.

Rubinfeld nos deu informações mais detalhadas:

— São deportados. Estes já são de Auschwitz.

— E as máscaras? Essas máscaras horríveis?

— Alguns foram vestidos com as roupas despojadas daqueles que foram assassinados no crematório. E as manchas de tinta de cores vivas servem para dificultar a fuga daqueles que não estão com roupa de presidiário. As manchas fortes de tinta colorida revelam um *Häftling** mesmo a cem metros de distância.

A essa altura, uma exibição interminável de chaminés de fábricas, armazéns, montes de barris e destroços de aviões enferrujados era vista ao longo da linha do trem. À nossa frente se estendiam, paralelos, os trilhos negros de uma estação ferroviária. Na linha do lado havia um antiquado comboio de vagões de passageiros, com portas e janelas. Uma mulher com lenço na cabeça olhava para fora apoiada nos cotovelos, um choro agudo de criança ecoava em nossos ouvidos. Homens fumando estavam de pé nos degraus, seguravam caixas de ferramentas, sacolas e malas. O inspetor da via, de boné branco, com ares de importante, andava entre os trilhos.

---

* "Prisioneiro", em alemão.

Ninguém nos deu a mínima atenção. Estávamos tão bem disfarçados que eles não suspeitavam em nós os condenados à morte, ou a visão do trem da morte já lhes era extremamente familiar? Até hoje não sei.

O prédio marrom esfumaçado da estação se revelava diante de nós. Não era diferente de centenas de outros prédios de estações rurais pelos quais eu havia passado tão distraído em minha vida. Na fachada e em ambos os lados, uma placa com apenas um nome alemão: AUSCHWITZ. Durante o "governo geral polonês", Oświęcim* não existia mais.

A própria cidade se avivou por um momento. Apitos estridentes de locomotivas se comunicavam entre si, depois solavancos.

São nove horas da manhã. Chegamos.

---

* Nome original do local, em polonês.

3.

Novamente nos apinhamos na janela. Na parte inicial de nosso comboio, os guardas do campo saltam dos vagões de passageiros. Dois ou três deles se posicionam em cada vagão, quebram as fechaduras de chumbo. As trancas rangem com um chiado enferrujado. As portas se abrem, um dia fresco e o ar limpo e doce da manhã jorram para dentro. Respiro fundo, encho os pulmões, olho para os rostos enegrecidos de meus companheiros e vejo o meu também.

Auschwitz...

Um oficial magro da ss se aproxima. Um dos soldados de uniforme verde, depois de uma continência, faz um relato. O oficial acena com a cabeça, diz alguma coisa e já se ouve o comando:

— Para fora junto com seus pertences! Todos perfilados na frente dos vagões. *Los!*

A brisa que eu há muito não sentia perpassou meu corpo; semicerro os olhos na luz da manhã. Estou usando um paletó de pele de carneiro quente e que está comigo há quatro anos de serviço militar, uma peça confiável, e ainda assim estremeço. Talvez não seja por causa do ar, mas da antecipação do desconhecido. A meu lado, Márkus, nababo de Szabadka, com uma obstinação tenaz mastiga um pedaço de casca de pão. Ele também já não tem mais charutos. O último Virgínia furioso de Érsekújvár* morreu entre seus lábios estreitos em meio a reclamações incessantes. Quem sabe o que esse homem está pensando? Uma pessoa que durante cinquenta anos perseguiu a miragem expressa em números — o dinheiro; mas agora ele está sendo afastado do saco de seu tesouro, úmido de suor, com um estalar de dedos, como se fosse um inseto perdido.

Os de uniforme verde, com a ajuda de alguns prisioneiros marcados com tinta, jogam para fora dos vagões as pessoas imóveis. Os *Häftlings* mais antigos trabalham com indiferença e habilidade. Jogam os corpos em carrinhos de mão — alguns deles podem até estar vivos — e então, sem dizer palavra, se espremem contra a barra do carrinho.

Mais um comando:

— As bagagens devem ser deixadas na frente dos vagões! Fazer fileiras de cinco!

A coluna de caminhada forçada de Topolya voltou a ganhar forma, mas dessa vez bem menor. Entre aqueles que ainda conseguem ficar de pé, deve haver entre mil e 1200 pessoas.

Foi com ansiedade que olhamos para nossa bagagem. Se não podemos levar as coisas conosco, a chance de destruição rápida é ainda maior. Cobertores, agasalhos, sapatos — pensávamos — também poderiam ser usados para trocar por alimentos, se necessário.

Relutantemente, a marcha começou, quando notícias animadoras se espalharam de boca em boca, notícias que, sabe Deus como, surgiram lá na frente da coluna:

— A bagagem será trazida atrás de nós em caminhões.

---

* Região húngara onde se fabricava esse tipo de charuto.

Depois de algumas centenas de passos: parar. Uma grande praça, quase quadrada. Parece ser tão grande quanto a praça Oktogon em Budapeste. Barracas com chaminés fumegantes. À direita, uma estrada bem conservada e íngreme é bloqueada por uma cancela preta e amarela. Torre de observação. Na área de vigilância, um sentinela carregando uma metralhadora caminha pela estrutura de madeira, e das fendas de vigia metralhadoras estão apontadas para nós. Ao nosso redor, cerca de quinze a vinte caminhões, cada um com um soldado armado da ss e um motorista. Os soldados verdes, que nos acompanharam desde o começo, desapareceram. Na praça, jovens da ss em uniformes cinza, suboficiais e oficiais se movem com ares de importância.

Primeiro, mandaram as mulheres se separarem dos demais. Com passos vacilantes, espantadas, elas tropicam uma atrás da outra. Várias centenas de pessoas seguem, com os olhos marejados, suas mulheres, mães e filhas se afastando. Mães e filhas se seguram pelas mãos, com força, amigas se agarram pelos braços. Os cabelos ralos e prateados das senhoras idosas brilham sob o sol. Mães com bebês tentam silenciar os pequenos apavorados que gritam, agarrando-os insanamente contra o peito. Numa coluna longa e desordenada, as mulheres desaparecem para sempre. Depois de alguns instantes, as tendas as encobrem, mas o choro das crianças ainda manda mensagens, por um longo tempo.

Um grupo de quatro pessoas vem em nossa direção. Um oficial alto, com óculos de aros dourados, em suas mãos uma folha de papel, o outro com uma maleta e dois seguranças, de capacete. Os dois param de frente um para o outro. Temos que passar, em fila, entre eles, como em meio a um corredor estreito. O homem com o papel na mão olha para todos e acena. Direita ou esquerda. Os outros três orientam as vítimas de acordo com a direção indicada.

34

Direita ou esquerda. Para uma vida de escravidão ou a morte na câmara de gás.

Aqueles que conseguiram voltar para casa sabem o que significava quando alguém ia para a esquerda. Mas naquele momento não sabíamos. O momento decisivo se esvaiu misteriosamente no meio dos outros.

Pessoas de cabelos grisalhos, os franzinos, os míopes e mancos, a maioria vai para a esquerda. É nisso que consiste o "exame médico". Em meia hora, formam-se duas colunas quase igualmente longas de pessoas, compostas de cinco fileiras, à direita e à esquerda. Depois de uma breve conversa entre si, um dos quatro alemães se posiciona entre os dois grupos de fileiras:

— Haverá um trajeto de dez quilômetros pelas montanhas, até o campo. Vocês — e aponta para a esquerda —, os mais velhos e mais fracos, vão de caminhão, os outros, a pé. Aqueles da fila da direita que sentirem que não são fortes o suficiente para caminhar podem mudar de fileira.

Silêncio pesado que dura longos instantes. Os condenados e seus algozes se encaram. Um anúncio feito com voz neutra e parecendo natural não costuma levantar suspeitas. Apenas alguns de nós se surpreendem com a generosidade. Esse não é o estilo dos nazistas. Ainda assim, muitas pessoas começam um movimento indeciso. Involuntariamente, eu mesmo faço um gesto inicial. Nesse momento um dos carrinhos de mão que carregam os mortos se aproxima de nós. Passa chacoalhando, alguns metros na frente das colunas humanas. O *Häftling* ao lado da barra não olha para nós, só consigo ouvir sua voz abafada:

— *Hier bleiben! Nur zu Fuss! Nur zu Fuss!**

Repete o comando algumas vezes, mas poucos de nós ouvem o aviso salva-vidas. Decido. Tenho medo da caminhada, mas

---

* "Fiquem onde estão! Só a pé! Só a pé!", em alemão.

mesmo assim decido ficar. É mais por obedecer a um desconhecido instinto repentino em mim do que ao camarada de infortúnio com o carrinho de mão. Agarro também o braço de meu vizinho Pista Frank:

— Não vá! — sussurro.

Ele solta o braço nervosamente e vai. Com ele, outros. A fileira está diminuindo a olhos vistos. Os cinza sorriem, maliciosos, sussurram entre si, apontam para nós. Após a troca de lugares, nosso grupo é dividido em dois, com baionetas entre eles. Partimos imediatamente.

Os da coluna da esquerda ainda estão lá, parados. Passamos bem perto deles. Aí está Horovitz, o velho fotógrafo doente; Pongrác, o produtor de cereais; o mestre Lefkovits, cuja antiga e clássica loja de moda masculina da rua principal forneceu tantas gravatas e camisas de seda coloridas durante meus vinte e poucos anos; Weisz, o livreiro coxo; Porzács, o gordo pianista de jazz que no mais elegante café de Szabadka, mesmo com aptidão técnica deficiente, popularizava com ambição imensurável os últimos sucessos. Com os lábios caídos, murcho, barba de seis dias por fazer, aqui está o sr. Waldmann, professor de língua e literatura húngara e alemã do ginásio estadual do "reino húngaro" de minha cidade; Hertelendi, da loja de brinquedos e criador de quebra-cabeças de xadrez; Samu, o nanico tolo, a quem todos chamavam de "pateta da guerra", mas ninguém sabia o porquê. Aí está Kardos, o advogado cardíaco de Szeged. Temos a mesma idade e nos encontramos em quatro ocasiões nos plantões do serviço militar. Seu jeito malandro era conhecido e ele sempre conseguia se safar. Na última vez, em Hódmezővásárhely, nos despedimos brincando: "Até a próxima ocasião em que não nos encontrarmos no plantão". Aqui está ele em seu impossível "terno de alistamento" de veludo cotelê amarelo. Sempre usava essa roupa, inclusive da última vez que teve que se apresentar. Seus óculos com armação de osso brilham astutamente para nossa coluna. Parece óbvio que acha que também dessa vez fez a melhor escolha. Ora, vejam só, nem agora ele vai andar dez quilômetros.

E aqui estão todos os outros. Meu olhar percorre os rostos familiares e não familiares. Conhecidos e meio conhecidos, dez, cem, quinhentos... Os caminhões que aguardam já estão com os motores ligados. A cancela pintada de vermelho, branco e preto se ergue à nossa frente, e viramos pela estrada asfaltada em declive que contorna as tendas. As metralhadoras da torre de observação seguem devagar nosso movimento.

No entanto, eles, os da coluna da esquerda, nunca mais foram vistos...

À nossa frente, atrás de nós e dos lados, os sujeitos com baionetas comandam um ritmo forçado. Eu me pergunto para que toda essa pressa. Uma coisa já é óbvia: nunca mais veremos nossas bagagens, deixadas na frente dos vagões. Isso também faz parte do estilo nazista; não se trata de tirar a propriedade da pessoa, é muito mais simples tirar a própria pessoa da propriedade. É um procedimento mais prático e — o mais importante — envolve menos burocracia, formalidades e administração. Os aprendizes húngaros complicavam as pilhagens, registrando tudo exaustivamente, etiquetando, anotando em livros. Há muito tempo os nazistas simplificaram o processo.

Passamos por uma fileira interminável de prédios de madeira abandonados. A marcha forçada me sufoca, minha respiração é curta, ofegante, sinto-me tonto com o ar cortante. Mais tarde, vemos pessoas. Em pátios cercados com grades e arame farpado, em frente de betoneiras barulhentas, circulam prisioneiros em uniformes cinza com listras azuis. Ouve-se o toque-toque de seus tamancos de madeira desengonçados, em que os dedos feridos ficam à mostra. Não penso no assunto, não quero pensar no fato de que em algumas horas nos mandarão tirar a última coisa que nos lembra nossa origem: as roupas do corpo.

Uma pilha de destroços de aviões cercada por arame farpado enferrujado, numa praça enorme. Das carcaças enferrujadas que se abrem para o céu, espreitam as coberturas rasgadas e queimadas. Nos restos das asas, distintivos alemães, russos, britânicos e americanos. Esse cemitério de aviões é assustador e nada encorajador. Plantações de batata barrentas e amareladas entre as tendas. Quase não se vê um ser humano. Durante meia hora, o único som é o impaciente resmungar de nossos vigias:

— *Los, los!*

Em seguida trilhos, depois novamente tendas. Dessa vez, são de andares. Em uma delas, uma placa: HÄFTLING — KRANKENHAUS.* Na frente, um prisioneiro com um braço na tipoia observa nossa marcha. Nem percebemos, já estamos numa rua movimentada.

Chegamos a Auschwitz, em cujas construções de madeira centenas de milhares de deportados de toda a Europa foram amontoados pela demência da selvageria racial.

Cruzamento de ruas movimentadas, placas de sinalização: BLOCO Nº XXI, anuncia uma delas. Pessoas apressadas, carroças, carros, toda atividade visível de uma cidade, mas, em vez de casas de alvenaria, construções em madeira, em vez de pessoas, esqueletos cambaleantes com tamancos de madeira e roupas listradas. Em vez de ruas, "blocos", em que um conglomerado de tendas pode ser supervisionado pela mesma gestão.

Homens esqueléticos carregam vigas, caixotes, barris, empurram carrinhos de mão. Das ruas das redondezas, um atrás do outro, caminhões passam chacoalhando. A coisa toda parece uma paródia grotesca.

---

* "Prisioneiro — Hospital", em alemão.

Numa esquina, topamos com um grupo de homens carregando trilhos. Na rua estreita, eles têm que parar para abrir espaço para nós. Não se mostram muito surpresos quando nos veem, mas nós, ao contrário, ficamos muito surpresos. Dirigem-se a nós em húngaro.

— Então, vocês também não encontraram lugar melhor para ir — berra um deles com um desdém impertinente.

Então, numa cacofonia infernal, chovem gritos:

— Deixem a comida…

— Cigarro, pente, faca!

— Quem tem comida? Rápido!

— Cigarro, cigarro!

— Não tem ninguém de Kassa entre vocês?

— Nagyvárad?!

— Losonc?!

— Alguém de Budapeste?! Budapeste?!

— Como vão as coisas em casa? Comida! Rápido… Deixem cair!

— Comida, comida!

— Seus idiotas, de qualquer maneira no banho eles vão ter que entregar tudo…

Estupefatos, atordoados, encaramos os que gritam. Um soldado da ss se aproxima, os carregadores de trilhos se calam de repente, e seguimos em frente.

— *Halt!** — soa alto o comando.

Paramos bruscamente, de qualquer jeito. O último alojamento da rua é uma construção térrea comprida. Placa: SCHREIBENSTUBE.**

Alguns *Häftlings* se adiantam. Seus movimentos são delibe-

---

* "Parar!", em alemão.
** "Escritório", em alemão.

rados, suas roupas listradas brilham de tão limpas. Eles usam sapatos de qualidade, bem lustrados. Em seu peito há um pedaço de tecido costurado, em formato triangular, de cores vivas. Embaixo dele, uma pequena placa, cromada, com quatro dígitos gravados. Em suas braçadeiras azul-celeste, bordado com letras vistosas, como nas bênçãos inaugurais das casas: BLOCKÄLTESTE.*

Todos arrogantes, alguns mandões deliberados. São *Blockältestes*: comandantes de bloco. Por fora, são deportados, como os restantes. Mas só por fora.

Ali tive o primeiro encontro com os chefões: a aristocracia do campo, os miseráveis deuses desse mundo miserável.

Então deixe-me contar de uma vez o que naquela ocasião eu ainda não sabia, mas que depois, ao longo de catorze meses, foi se consolidando, observei a coisa com espanto e surpresa ininterruptos. Os nazistas criaram uma intrincada hierarquia entre os párias, em seus campos de extermínio, com uma técnica metódica. Os próprios alemães eram praticamente invisíveis do lado de dentro do arame farpado. A distribuição de alimentos, a imposição de disciplina, a supervisão direta do trabalho, o terror de primeiro grau, ou seja, o poder executivo, na verdade eram confiados a capatazes selecionados ao acaso entre os deportados.

Inegavelmente, o sistema era permeado por uma psicologia profunda. Seus criadores conheciam os diversos substratos instintivos do espírito. Por seu trabalho abominável — além de melhor sopa, melhores roupas e oportunidade de roubar —, os capatazes recebiam, como propina, o próprio poder, o ópio mais inebriante de todos. Poder ilimitado, acima da vida e da morte. Eles criaram uma longa série de cargos variados, praticamente os

---

* "Comandante do bloco", em alemão.

mesmos em todos os campos, sempre prestando bastante atenção ao sistema hierárquico. Os oficiais e suboficiais do campo: os chefes em geral eram escolhidos entre aquele grupo que havia chegado primeiro a um campo pronto ou a ser construído. O sargento ou subsargento da ss que comandava o campo selecionava um escravizado:

— Você será o *Lagerälteste*.*

Outro ele "nomeava" como secretário do campo. Depois, esses dois faziam o resto. Nomeavam os demais oficiais entre seus parentes, amigos e conhecidos. Por isso, na maioria das vezes, os *Häftlings* que compunham toda a equipe do campo, por assim dizer, eram da mesma região, ou até da mesma cidade. Dos carregamentos de detentos que chegavam depois, somente podiam ser recrutados soldados rasos.

No degrau mais baixo da escada hierárquica estava o *kápó*** de cassetete. Ele conduzia um grupo de trabalho composto de dez a quinze presos aos locais de obras das empreiteiras privadas que alugavam esses escravizados. Por cada um a empresa pagava de dois a dois marcos e meio ao Estado nazista. A tarefa desse *kápó* era instigar o *Häftling* com um cassetete, um chicote ou talvez uma barra de ferro, com a ajuda do supervisor civil da obra, um *Meister*, e do guarda da ss, o *Posten*. Em geral ele fazia isso com desenvoltura, porque, caso se mostrasse mais bondoso ou indulgente do que o necessário, o *Meister* lhe daria umas chicotadas e o rebaixaria, sem qualquer hesitação. E isso significava o fim de sua chance de sobreviver à fúria do robô matador de corpos e almas, o fim da melhor chance dentre as outras, de sobreviver ao inferno.

---

* "Comandante do campo", em alemão.
** Do italiano *capo* (cabeça ou chefe), era o preso encarregado de comandar outros prisioneiros em campos de concentração nazistas.

Mas o *kápó* ainda não podia se incluir no grupo exclusivo dos príncipes do campo. Ele dormia em um *Zelt** compartilhado, e também tinha que ficar na fila da sopa. Só que, em vez de enxada, pá ou marreta para quebrar pedras, ele tinha nas mãos um cassetete.

A uma distância estratosférica acima dele, reinavam o primeiro e o segundo *kápós* de empresa. Esses já tinham privilégios plenos. Circulavam à vontade nos escritórios da empresa contratante. Era lá que recebiam diariamente as ordens de serviço. Oficialmente sua tarefa era, de madrugada, durante a fila do *Apell*,** fazer a contagem dos cerca de quinhentos a seiscentos detentos designados para sua empresa e conduzi-los até o ponto de distribuição junto com os vigias. Ali já eram esperados pelos *Meisters* e os *kápós* de cassetete. Eram eles que montavam as turmas que iriam para os locais de trabalho, que costumavam ficar a vários quilômetros de distância.

Os *kápós* de empresa tinham amplas oportunidades de se insinuar junto aos supervisores, possivelmente junto ao pessoal da Todt*** e aos engenheiros. Alguma coisa sempre "escapava" daqui e dali; cinzeiros dos escritórios com suas pontas de charuto eram sua pilhagem, um ou outro copo de aguardente, vinho ou cerveja, e, mais ainda, de vez em quando podiam conseguir até um pacote inteiro de tabaco, pão e roupas.

Esse era um posto importante não só por implicar contato com o poder, mas também porque incluía todas as vantagens proporcionadas pelas frequentes oportunidades de se movimentar mais e de entrar em contato com o mundo além do arame farpado.

---

* "Barraca", em alemão.
** "Chamada", em alemão.
*** Organisation Todt, grupo paramilitar de construção e engenharia criado na Alemanha nazista.

Dentro do campo, o *kápó* de empresa era próximo do *Lagerälteste,* ou seja, pertencia ao círculo da divindade principal. Recebia sua porção daquela sopa feita no caldeirão especial, de melhor qualidade, preparada para a aristocracia local, e tomava parte da divisão de uma quantidade significativa de alimentos roubados: açúcar, margarina, geleia, mel artificial, queijo e, principalmente, pão, que significava vida. É fácil imaginar as quantidades que poderiam ser "economizadas" diariamente a partir da ração de 2 mil a 3 mil pessoas, o que poderia ser surrupiado das enormes peças e tonéis que chegavam. Tudo isso era tratado pelo *Älteste** e seus subordinados, atrás de portas rigorosamente fechadas. No hospital do campo, em Dörnhau, vi três grandes sacos de açúcar cristal, muitos blocos de margarina e centenas e centenas de latas de carne enlatada empilhadas no refúgio do *Lagerälteste.*

Na maioria dos campos de concentração, de quatro a cinco empresas contratavam escravizados, e em comparação com esse número a quantidade de *kápós* de empresa era relativamente grande. Cada um deles mantinha de dois a três assistentes, em geral rapazes com idade entre catorze e quinze anos. A própria posição de assistente também significava uma certa posição hierárquica. Nas braçadeiras bem-feitas dos *kápós* figurava o nome da empresa e o posto deles. KAPO I. G. URBAN TIEF-UND HOCHBAU A. G. — esse tipo de identificação na braçadeira, por exemplo, significava para o *Häftling* que ele estava diante do primeiro *kápó* da companhia Urban, e diante do qual era melhor que ele tirasse seu boné de prisioneiro.

O único posto que se igualava ao *kápó* de empresa em suntuosidade era o *kápó* do campo. Este era o ajudante de ordens do *Älteste* e o comandante daqueles *Häftlings* que não trabalhavam em locais fora da cerca, mas no próprio campo. Em primeiro lugar

---

* "Comandante", em alemão. A posição hierárquica mais alta.

havia o quadro dos principais artesãos: sapateiros, barbeiros, marceneiros, carpinteiros, serralheiros, mecânicos. Também pertencia à zona de influência de seu comando geral a outra camada privilegiada: os trabalhadores da cozinha, os descascadores de batatas e os limpadores de caldeiras, embora entre esses cada grupo tivesse seu próprio *kápó*, cada um deles com seu próprio poder estratosférico. O *Schälerkápó** — o líder dos descascadores de batatas — era o primus inter pares.** Tal como o comandante da nobre guarda papal, ele comandava uma equipe em que cada membro já era, ele próprio, um oficial. A casca de batata também tinha grande valor e era um tesouro cobiçado, assim como a própria batata e o pão, ao contrário da vida, nada valorizada. Trabalhar próximo das batatas, ocupar-se com elas, aproximar-se da cozinha em geral era uma posição de privilégio preciosa, reservada a poucos.

Independente do *kápó* do campo, um dignitário de grau ainda mais elevado era o *Blockälteste*. O senhor plenipotenciário de seu bloco. Cada bloco se constituía de algo entre vinte e trinta *Zelts* pintados de verde-musgo, cada um com capacidade para 24 pessoas. Nos campos onde os presos já haviam construído os alojamentos, um bloco consistia em um amplo edifício de madeira que acomodava de quinhentas a seiscentas pessoas.

Um quarto individual e um exército de servos simbolizavam seu poder. Ele também conseguia separar bons suprimentos, porque o *Lagerälteste*, depois de cobrar o pedágio dos miseráveis *culág*,*** liberava a parte do bloco de uma só vez. Para seus próprios homens era o *Blockälteste* quem distribuía as porções. E ele não tinha a mínima vergonha, mutilava a já parcamente definida

---

* *Schäler* significa descascador, portanto *Schälerkápó* é o *kápó* dos descascadores.
** "O primeiro entre seus iguais", em latim.
*** Forma hungarizada da palavra alemã *Zulage*, "bônus", em geral uma pequena porção de margarina e alguma geleia, além de fatias de salame de carne de cavalo.

quantidade de calorias, que era suficiente apenas para nos mantermos vivos.

Acima do *Blockälteste* apenas duas pessoas reinavam: o *Lagerälteste* e o secretário do campo, o *Lagerschreiber*. Essas duas posições eram oficialmente consideradas iguais, sem exceção, em todos os campos — as mais altas. Dependiam da individualidade de seus titulares, para qual deles pendia o centro de gravidade, qual deles se tornava mais opulento e assustador. Em alguns campos, o secretário representava o poder mais temido, em outros, o *Lagerälteste*. Também havia campos onde existia um vice-*Älteste*, ou o secretário se cercava de cinco ou seis vice-secretários. Todos, repito, só tinham a ver com o poder. Em todos os lugares o secretário ou o *Lagerälteste* ficavam a uma altura suficiente que lhes permitia trazer para junto de si parentes, amigos e entes queridos.

O outro ramo da aristocracia do campo era composto dos trabalhadores da cozinha, e o terceiro, por médicos e agentes de saúde. Sua casta era cada vez mais intrincada, dividida; ampliavam a estrutura, criavam ramificações paralelas, especialmente nas fábricas da morte, nomeadas com uma alcunha ridícula de hospitais de campanha. Ali eles se movimentavam com seus adjuntos e vice-adjuntos como médicos-chefes de campo, médicos-chefes seccionais, médicos-chefes de bloco, enfermeiros-chefes, enfermeiros de bloco, enfermeiros seccionais e enfermeiros de grupo. Cada um deles era um poder efetivo, cada um deles era o senhor ilimitado de um número maior ou menor de pessoas, que, sem absolutamente nenhuma consequência, ele podia assassinar, sobre cujas entranhas podia dançar, podendo arrancar-lhes os olhos ou tiras de couro de suas costas nuas.

Essa nobre hierarquia refletia a interpretação nazista moderna do princípio *divide et impera*.* Um sádico lunático entronizado

* "Dividir para governar", em latim.

expandiu esse conceito nos domínios de Auschwitz, esse país fantasma que cheirava a excremento, diante de cujo posto de fronteira, a casa do secretário, estávamos agora.

4.

As pessoas que ostentam braçadeiras rotuladas como *Blockälteste* falam polonês entre si. Mas conosco gritam em um alemão difícil, com sotaque eslavo.

— De três em três para o escritório! Registro de nacionalidade!

Um dos *Blockältestes* vê que alguns dos prisioneiros, cansados, se sentam no chão. Como um animal selvagem, ele avança sobre o grupo apavorado, e com seu cassetete de borracha bate em alguns rostos atordoados. Os que foram atingidos sangram e gritam de dor, o resto de nós fica olhando, boquiaberto.

— Seu bando de judeus imundos, levantem-se! Onde vocês acham que estão? Na sinagoga? No teatro? Pois vocês vão ver.

Sem sombra de dúvida isso foi uma genuína demonstração da cor local de Auschwitz. Escravizado batendo em escravizado. Na capital do país do campo de concentração, Nagyauschwitz,[*] os poloneses deportados, em sua maioria não judeus, foram os primeiros a chegar. Como em todos os campos, também aqui a

---

[*] "Grande Auschwitz", em húngaro.

maior parte da aristocracia se estabeleceu a partir dos primeiros detentos.

No entanto, as pessoas no escritório são *Häftlings* húngaros. Ingenuamente, pergunto a um deles:

— Quando chegaram aqui? Qual é a situação?

A resposta é um olhar altivo e gélido. A palavra engasga em minha garganta. Parece que ousei iniciar uma conversa com um chefão.

Do escritório, eles nos mandaram seguir para o prédio do banheiro. Enquanto esperamos, alguns de nós conseguem trocar palavras com os locais que passam perto arrastando os pés. Agora já temos certeza: precisamos abrir mão de tudo que temos no corpo. Começa uma dissipação febril e apressada. Quem ainda tem cigarros, acende dois ao mesmo tempo. Bitucas passam de mão em mão. Rapidamente distribuímos a pouca comida que nos resta nos bolsos e começamos a mastigar.

Antes do banho, novos homens com braçadeiras tomam conta de nós. Judeus poloneses. A seguir, momentos angustiantes. Sob um vento cortante ficamos completamente nus. Ao comando deles, jogamos nossas roupas e sapatos numa pilha, junto com todos os pertences de nossos bolsos. Ainda estamos tremendo na frente da cabine de madeira, mas os caminhões já estão chegando. Outros presos de roupa listrada jogam nossas coisas dentro dos caminhões que já avançam. Cartas, fotografias queridas, alguns documentos de identidade que conseguimos salvar em Topolya parecem irremediavelmente perdidos. A rápida ação soa exemplar. *Lasciate ogni speranza.** Daqui não há como voltar. Se houvesse, pelo menos os itens pessoais teriam sido transportados com identificação, embalados separadamente. Desse jeito, ainda que quisessem, já não poderiam devolver as coisas aos respectivos

---

* "Perca toda esperança", em italiano.

donos. Mesmo na barbárie é um método incrivelmente simples: privar, desse modo, milhões de seres de sua personalidade, seu nome e sua humanidade. A muitas centenas de quilômetros de casa, como poderei provar que me chamava assim e não de outra maneira? Como vou provar que eu sou eu?

Minutos fingem ser horas. Sentindo-nos ridículos, com um sorriso amargo, espiamos a nudez arrepiada uns dos outros, tremendo de frio. Finalmente, finalmente podemos entrar no lugar. A entrada da sala de banho. Em suas paredes de tábua, a repugnante umidade pesada exala bolor. Em um canto, uma caldeira expele um vapor espesso.

Os corpos humanos suados e sujos soltam um fedor torturante, mas o calor acaricia. As tesouras de tosquiar clicam. O carregamento que chegou antes de nós está sendo raspado por "barbeiros", nus até a cintura. Essa é a segunda etapa. Pelos pubianos, cabelos e axilas, tudo é depilado. Profilaxia contra piolhos. Olho com espanto para aqueles esfoladores. Não há nenhuma empatia neles?

Com uma indiferença total, as vítimas são passadas de mão em mão. Somos empurrados, beliscados, chutados. Um corta os pelos das axilas com a lâmina enferrujada e desgastada da máquina, outro corta o cabelo, o terceiro raspa o púbis e o escroto. Manipuladas por mãos ásperas e inexperientes, as pessoas nuas geralmente saem de lá sangrando, com ferimentos graves e dolorosos e em seguida são empurradas por uma porta.

Um *Häftling* se aproxima de mim. Em um alemão capenga, fala comigo:

— De onde vocês vêm?

— Da Hungria.

— Quais as novas nas frentes de batalha?

Sob seus olhos fundos, bolsas negras protuberantes. Sua voz suplicante é trêmula. Prontamente relato:

— Em todos os lugares os alemães estão recuando. Os russos

obtiveram uma vitória decisiva em Gomel. Os ocidentais estão se preparando para desembarcar nas praias. De acordo com as perspectivas, finlandeses, romenos e búlgaros em breve vão deixar a coalizão. Agora já não deve demorar muito. De onde você é?

— Paris.

— Comerciante?

— Advogado.

— Foi trazido há muito tempo?

— Mais de um ano atrás. Esses animais mataram todos os meus.

— Dá para aguentar isso aqui? — pergunto.

— Se você tiver sorte, talvez. De qualquer forma, suas chances devem ser maiores que um ano. Eu não tive sorte. Meus pulmões já eram fracos em casa. Não vou aguentar por muito tempo.

Faz um aceno de desdém e cospe.

— Você já não vai ter que encarar o gás, com certeza — diz ele depois. — Aqueles que tomam banho neste bloco vão trabalhar. Vocês vão partir em seguida. Auschwitz mesmo está superlotado, os novos não podem ficar aqui. Mas isso não importa. Nas filiais dos campos é tudo igual.

— O que é uma filial de campo?

Ele aponta para todos os lados.

— Isto aqui é um país inteiro. Onde quer que se olhe, distantes quatro ou cinco quilômetros uns dos outros, centenas de campos masculinos e outras centenas de campos femininos foram ou estão sendo construídos. Auschwitz em si é apenas o centro. A capital. E nem é o único nesta região. O outro se chama Gross--Rosen. Existem muitos outros centros de campos de concentração.

— Quando descemos do trem fomos divididos em dois grupos. Os outros tiveram que vir em caminhões. Você não os viu?

Surge um sorriso estranho e atormentado naquele rosto encovado.

— O segundo grupo se alinhou à esquerda?

— Sim. Disseram que viriam de caminhão.

O homem de roupa listrada levanta a mão magra e aponta para longe.

— Está vendo as chaminés ali? É Birkenau. A cidade do crematório. Aquela fumaça ali já é eles. Os que foram para a esquerda.

Sim, talvez eu já estivesse preparado para algo assim. Em minha cidade eu já tinha ouvido e lido bastante sobre as histórias de fantasmas das câmaras de gás e dos crematórios. Mas isso é diferente. Não é boato nem leitura. Não é uma ameaça distante, mas uma realidade concreta diante de mim. Uma realidade próxima. A uma distância de menos de duzentos metros. Sua fumaça atinge meu nariz. Talvez por isso o pulmão do francês tenha se petrificado gravemente.

Sem sombra de dúvida é verdade, mesmo assim tudo parece inacreditável. Está caindo um temporal de início de maio, parece ser meio-dia, as pessoas estão se movendo, o céu acima de mim é jovial. No entanto a realidade ainda está lá, aquela fumaça suja e rodopiante a duzentos metros de onde estou.

Penso no terno de veludo amarelo e nos óculos brilhantes de Kardos, o cardíaco de Szeged, em Weisz, o livreiro coxo, no professor Waldmann e nos outros que ali, na praça, à sombra das torres de vigia de metralhadoras e dos soldados da ss de sorrisos maliciosos, esperavam os caminhões. Menos de quatro horas atrás.

O francês está olhando para o chão. Busca um toco de cigarro e com cuidado infinito retira o tabaco, que divide em duas partes e com elas faz dois rolos finos. Estende um para mim. Sou preenchido por uma gratidão profunda e calorosa, pois já aprendi o suficiente para saber que tipo de tesouro é o tabaco por aqui. Em silêncio aperto sua mão. Nós dois nos viramos para o lado oposto da nuvem de fumaça.

Ele dá uma baforada profunda e ofegante.

— Aquelas chaminés ali vomitam fumaça suja dia e noite

— diz baixinho. — Uma fábrica bem grande. Se alguém, algum dia, escrever sobre o que acontece lá, será considerado lunático ou um mentiroso pervertido. Basta imaginar: há meses, anos, que dia após dia, hora após hora, chegam aqui trens lacrados com chumbo, vindos de toda a Europa. Os passageiros sobreviventes são alinhados na praça da morte em frente à estação. Assim como vocês. É possível, até provável, que neste momento outros já estejam no mesmo lugar. Aqueles que parecem fracos e idosos são selecionados visualmente e enviados para a esquerda. Depois disso, eles até anunciam aquela história abominável dos caminhões. Quem cai, que caia por si mesmo. Azar dele — *tu l'as voulu Georges Dandin...**

Ele sussurra, olha em volta. Dá uma longa tragada no cigarro magrinho, entre seus lábios exangues a brasa solta uma labareda.

— Aqueles caminhões vão direto para Birkenau. Começa do mesmo jeito que aqui: um banho. Tudo se encaixa, num método teutônico planejado. "*Es muss alles klappen.*"** Isso está no sangue deles. O pânico deve ser evitado e, em prol disso, um verdadeiro teatro começa. Primeiro os infelizes são totalmente despidos. Assim como vocês, agora. Eles também são raspados e esterilizados. Acham que vão para o banho. Recebem até sabão. Também são empurrados através de uma porta. Encontram-se numa sala de banho. Mas os chuveiros borrifam gás em vez de água quente. É isso.

"Depois, tudo que lhes resta é o crematório", continua. "Os trens, por sua vez, viajam rumo à Alemanha com roupas femininas, roupas masculinas e roupas infantis. E mais um monte de coisas. Os ossos se transformam em cola, o cabelo humano em

---

* "Foi você quem quis, Georges Dandin", em francês; referência à peça *Georges Dandin*, de Molière.
** "Tudo tem que funcionar", em alemão.

travesseiros ou colchões. Aqui há montanhas de cabelo de criança. Os *Boches** elevados à potência do nazismo. Agora eles estão em seu elemento. Hitler sabe muito bem que tipo de mundo instintivo está alcançando com seus 'métodos', que camadas do subconsciente está liberando."

Ele tosse e cospe novamente. Com sangue.

— Trabalhei em Birkenau. É claro que não na área interna dos crematórios. Esses lugares em geral são proibidos para os *Häftlings*, mas se mesmo assim eles mandarem alguém lá dentro, esse não sairá de lá. Até agora, 3 milhões de corpos humanos viraram fumaça. É um espanto como as máquinas aguentam o ritmo. Felizmente, os equipamentos complicados são confiáveis. Como sabemos, a indústria de máquinas alemãs... Produtos especiais de empresas tradicionais.

A ponta do cigarro queima até suas unhas. Não pode conter mais que cinco fiapos de tabaco. Mesmo assim ele o guarda cuidadosamente numa lata amassada. Percebe que estou tremendo.

— Não tenha medo — diz —, não há nada a temer neste local. Aqui é realmente um banho. E em seguida vocês já vão seguir adiante. Eu sei. Trabalho aqui. Boa sorte!

O francês vai embora. Chegou minha vez. O aperto duro do esfolador me faz chorar de raiva. Máquinas de cortar cegas arrancam os fios de meu cabelo. Eles cortam com uma máquina 3, e uma tira separada é cortada no meio do topo da cabeça com pente zero.

O quarto inquisidor grita:

— Escancarar a cara!

Sim, entendemos direito! Não é a boca, mas a cara.

A luz forte de uma lanterna ilumina a cavidade bucal. A meticulosidade nazista se estende aos mínimos detalhes. Estamos num

---

* Termo que se popularizou durante a Segunda Guerra Mundial. Significa, de forma pejorativa, "alemão".

posto de fronteira e nada da vida anterior pode atravessá-la. O *Häftling* pode contrabandear um pequeno objeto de ouro ou uma pedra preciosa — *horribile dictu** — através da cavidade bucal.

Finalmente, finalmente o banho. Os chuveiros ficam enfileirados em longas linhas paralelas. Estamos esperando a ducha quente. Em vez disso, de repente um fogo líquido escorre pelos nossos corpos. A água é insuportavelmente quente. Tentamos fugir gritando, mas o líquido infernal jorra por toda parte, corroendo a pele com queimaduras dolorosas. Em seguida nos arrastam molhados para a próxima sala. Aqui temos que passar entre a fila dupla de *Häftlings* carregados de roupas. O primeiro atira uma cueca azul-escura de tecido áspero; o segundo, uma camisa do mesmo tecido e cor; o terceiro, a conhecida calça listrada de presidiário; o próximo joga a jaqueta em nós com tanta velocidade que mal conseguimos alcançá-la. O quinto enfia um boné em nossa cabeça e o seguinte literalmente nos atinge na cabeça com tamancos de madeira rústicos. À porta, ainda atiram em nossa direção os respectivos cadarços, e já estamos ao relento, do outro lado do prédio do alojamento.

Linha de montagem de produção de escravos. De um lado se enfia um homem e do outro lado surge um *Häftling*.

---

* "Horrível de dizer", em latim.

5.

Eles continuam nos empurrando para a frente sem parar. Tremendo, jogo os trapos sobre meu corpo ainda pingando água. Uma hora atrás, eu estava usando botas boas, uma calça quente e um casaco de pele de carneiro, e agora estou com um frio impiedoso. O clima ainda está gélido e o vento passa por todas as frestas do tecido fino e largo. Meus tamancos de madeira, pesados de lama, são assustadoramente barulhentos, e ando com passos arrastados de presidiário. Em questão de minutos me tornei um presidiário.

Já somos listrados como os demais, e assim continuamos marchando. Com um meio sorriso nervoso e uma estúpida expressão de espanto examinamos os trajes uns dos outros. Depois de uma marcha de dez minutos por ruas de tendas em zigue-zague, paramos diante de uma construção de madeira, de dois andares. À nossa frente, no poste de luz, uma placa de sinalização: BLOCO XVI.

Com maquiagem pesada, cabelo amarelo-palha, uma mulher envelhecida está acotovelada numa janela. Nesse bloco vivem mulheres, as únicas habitantes femininas de uma cidade masculina. Ali vivem as prostitutas mais miseráveis de todos os tempos: as prostitutas de Auschwitz. Bordel.

Sim, novamente a meticulosidade. As mulheres vêm dos mais diferentes países e, claro, não estão aqui por causa dos *Häftlings* judeus, mas à disposição de soldados da ss, ou talvez de velhos comandantes vindos da escória que no campo conquistaram direitos civis. O mesmo se aplica aos cinemas, alguns dos quais também servem para o entretenimento dos eleitos na capital do país da morte.

A mulher de cabelo amarelo-palha examina os recém-chegados com uma curiosidade séria. De repente desaparece da janela, para depois de alguns momentos se apoiar ali novamente. Nesse momento já está com um cigarro aceso na mão. Ela dá algumas baforadas e então, com um olhar significativo, lenta e cuidadosamente o deixa cair. Bem na minha frente.

Cigarro, mais uma vez cigarro. A mensagem da humanidade naquele mundo irreal.

Nossos olhos se encontram. Pego o cigarro aceso e — não sei por quê — me dirijo a ela em húngaro:

— Obrigado.

Tive a impressão de que ela entendeu.

Estão carregando cestas lá na esquina. Comida. A primeira porção de comida em Auschwitz. Meu paladar ainda se lembra do aroma do pão de Bácska; com estranheza e nojo, olho aquela massa cinzenta e pesada como a lama, o cobiçado maná das cidades da morte alemãs, o insosso pão de farelo de aveia. Recebemos uma ração para dois dias. O camarada francês estava certo, somos imediatamente colocados em vagões de trem. Continuamos a viajar. Também distribuem de 150 a duzentos gramas de salsicha de cavalo, e ganhamos uma porção dupla de margarina. A coisa toda deve ter cinquenta gramas. Cheiro a salsicha e, como está fedida, jogo fora. Frivolidade reprovável. Não tenho onde guardar a margarina, que derrete em minhas mãos, e também acabo jogando-a fora.

Em marcha novamente. Desde que chegamos não houve um único minuto de descanso. Os tamancos são pesados e torturantes, como algemas. A exaustão física e mental e a ansiedade ininterrupta embaçam minha visão. O primeiro dia em Auschwitz se transforma numa noite fria e nós ainda estamos andando. Tento descobrir o motivo da pressa forçada. Está a metrópole dos blocos já muito lotada? Não existe vaga para nós nem para uma única noite ou há necessidade urgente de novos burros de carga em outro lugar?

Atravessamos uma interminável série de construções de madeira alinhadas como ruas — ruas com muito movimento. Prisioneiros com tamancos de madeira, com pequenos triângulos de cores diferentes em suas jaquetas. Abaixo dos triângulos está o número de *Häftling* do indivíduo sequestrado, em vez do nome recebido no batismo. A cor dos triângulos indica a nacionalidade do prisioneiro. Detentos políticos de nacionalidade alemã, criminosos comuns igualmente "nativos" e homossexuais, todos eles exibem cores diferentes. Auschwitz se tornou um dos principais centros prisionais desses elementos também. Existem muitos trapos civis sem respingos de tinta, com a inscrição *ost* (Leste) no peito ou nas costas.

Na base da escada do inferno estão, é claro, os judeus do triângulo amarelo. Eles são a maioria, e é deles que emerge o proletariado de campo. Não judeus de nacionalidades alemã, polonesa, francesa, holandesa, grega e outras entraram aqui na capital antes dos judeus, principalmente os não poloneses, e a formação da aristocracia do campo ocorre por ordem de chegada.

As chaminés de Birkenau expelem sem cessar uma suja fumaça marrom sobre aquele campo onírico de párias. Na cidade do crematório, interrupções são desconhecidas. Há anos o gás venenoso borbulha dia e noite, vibram os caldeirões muito aquecidos até alcançarem um brilho branco, montanhas de carne em chamas espalham faíscas de fuligem. Não há como escapar da visão, a qual se é obrigado a assistir o dia todo. Ainda bem que já quase não dá para ver mais nada; os sinistros contornos da fileira de chaminés são escondidos sob o manto da escuridão pela abençoada recém-chegada: a noite.

Tropeçando nas irregularidades dos campos preparados para a plantação, caminhamos alinhados de forma desordenada ao longo do aterro da ferrovia. Nossos guardas nos cercam de perto, os holofotes das torres de observação vão nos cegando. No aterro ferroviário, ao longe, uma longa composição vai surgindo em meio à escuridão.

Em minutos os carros ficam lotados. De novo somos sessenta num vagão. Um pouco de serragem úmida cobre o chão. O espaço só dá para nos agacharmos um ao lado do outro. Dessa vez, eles não lacram o vagão com chumbo: em vez disso, dois sujeitos com metralhadores entram. Os mais ingênuos tentam conversar com eles.

— *Maul halten!** — resmungam.

No meio do vagão há uma caixa de madeira com dejetos. Latrina. Sua imundície dá nojo. Está escuro como breu, apenas a lanterna dos cinza pisca. Partimos.

Essa viagem é tão amarga quanto a primeira. Estou tremendo de frio nesses trapos finos, fico olhando com sofreguidão para as brasas dançantes do cigarro na mão do guarda. A fome também se manifesta. Dou uma mordida no pão, que até agora estou agarrando firmemente. Parece gostoso.

Tentamos dormir nos apoiando uns nos outros, mas não dá. Agachado a meu lado está Hauser. Demos baixa do serviço militar

---

* "Cala a boca!", em alemão.

juntos, há dois meses. Ele também pega o pão, ainda tem sua porção de margarina.

A fantástica viagem noturna parece insuportável. Depois de Auschwitz e de Birkenau, sem nome, sem identidade, sem saber de onde, para onde. Mais insuportável ainda que a primeira. Os sujeitos com as metralhadoras são sombras escuras na frente da porta aberta. Esgueirar-se ao lado deles e dar um salto para a escuridão? É uma ideia passageira, mas incrivelmente atraente. Flutuar por um momento e fim. Hauser está pensando a mesma coisa. Sussurra:

— A gente tinha que pular para fora. Vamos tentar.

— Louco — respondo —, você quer fugir ou morrer? Seja como for, não dá para fugir usando estas roupas.

— Quem quer fugir? Morrer, morrer...

Chora. Mastiga mecanicamente.

— Para morrer não falta oportunidade — digo, mas isso não soa convincente nem para mim.

— Me diga, dá para suportar uma coisa como essa? — ele pergunta.

— Não.

— E então?

— Não dá, mas é preciso.

Hauser fica quieto. Por fim, a fadiga me vence também; um inquietante estado sonolento me invade. A cada minuto acordo assustado com alguém tropeçando em mim. A latrina no meio do vagão está o tempo todo ocupada. O pão de aveia incomum e a salsicha de cavalo estragada causam diarreia severa. De vez em quando, um torpor toma conta de mim; seria bom adormecer por completo. Mas não é possível. O frio ardente da noite incomoda meu peito.

Quanto tempo ainda vai durar a viagem? Duas horas? Cinco? A aurora se infiltra pelas portas abertas. As planícies ficam para trás, passamos por montanhas cobertas de floresta. Os guardas observam atentamente. Eles também não dormiram, a noite toda fumaram cigarros, fumaram cachimbo e conversaram, murmurando entre si. Agora estão pegando comida. Da sacola deles sai o mesmo pão que o nosso. Espalham a margarina com cuidado, uma camada bem fininha, e bebem do cantil.

Passamos por labirintos de cabos de rede elétrica. Onde estaremos e que horas serão? Já se passou um bom tempo desde que saímos de Auschwitz, mas o trem se move o mais devagar possível. É muito pouco o que dá para ver lá fora, é expressamente proibido se aproximar da porta. De novo, a pequena janela com grade do vagão é tudo que podemos ver, tal como ontem — um ano atrás, cem anos atrás —, quando viajamos de onde vivíamos rumo a Auschwitz.

O caminho me parece uma eternidade. Não importa onde, sob que circunstâncias, mas chegar a algum lugar, poder me esticar, de alguma forma me perder, como uma doença desgraçada.

Em seguida, passamos sobre alavancas de mudança de trilhos, como já fizemos tantas vezes antes, e o trem diminui a velocidade. Chegamos. Estamos chegando a algum lugar.

De fato. Ofegante, a locomotiva para, nossos guardas de metralhadora saltam. Nós nos aglomeramos na porta, bebendo o mundo lá fora. Uma pequena estação ferroviária, mais parecida com uma casa de guarda: estamos em Mühlhausen.

Atrás, à frente, ao redor da estação, há uma densa floresta verde-escura, ao longo dos três pares paralelos de trilhos montanhas de carvão brilham. Estranho e bonito. Miríades de partículas de carvão são tocadas pelos raios de sol vindos de trás de uma cortina infinita de folhagem. Aqui também há um emaranhado de cabos de rede elétrica.

Não há absolutamente ninguém na pequena estação no meio

da montanha. Alguns caminhões enferrujados em um dos trilhos, parece que foram esquecidos ali anos atrás.

— Baixa Silésia — ouve-se de boca em boca. — Região de mineração de pedra e carvão.

Partimos em formações de cinco em direção à clareira próxima. Paramos sobre uma grama rasteira, a lama argilosa gruda embaixo de nossos tamancos de madeira. Estão esperando por nós. Num dos cantos da área, oficiais da ss diante de duas mesinhas. Muitos oficiais ao redor. Observam friamente, como o mercador desonesto na feira de gado. Gesticulam, apontam para nós.

O procedimento a seguir é rápido. Temos que passar na frente das duas mesas. Na primeira nos penduram no pescoço uma etiqueta de papelão presa a um barbante grosso; na outra, temos que dizer o número impresso nela.

33 031. Esse é o número que recebo. Daqui em diante não sou mais eu, sou o nº 33 031. É simplesmente um número, representa menos do que um condenado à prisão perpétua, cujo nome e cujos pertences pessoais ainda são preservados nos registros da prisão.

Nunca gostei dos números. Não acreditava em seu poder mágico. Minha medida de valor eram as palavras. Minha capacidade para memorizá-los é tão fraca que esqueci meu próprio número de telefone incontáveis vezes. Apesar disso, agora, em questão de segundos, a única marca distintiva de minha existência futura está gravada em mim para sempre. O sobrenome e o nome dos dados de registro, o apelido com que minha mãe e minha amada costumavam me chamar afundam no nada. Daqui para a frente passarão a me chamar de *"Dreiunddreissignulleinunddreissig"*.* Nisso, e somente nisso, sou diferente do 74 516 ou do 125 993.

A próxima etapa é um espaço vazio. Uma espécie de oficina abandonada. Aqui também há uma mesa com oficiais. Nos man-

---

* "Trinta e três zero trinta e um", em alemão.

dam tirar nossos trapos. Nus, pisamos sobre uma lata plana que serve de pódio, damos uma volta em torno de nós mesmos, como manequins. Na mesa, um médico da ss faz a classificação. Aqui também o exame médico consiste só nisso. De qualquer forma, nem nessa ocasião nem em nenhuma posterior descobrimos o efeito ou o vestígio dessa classificação.

Depois de ficar na fila, enfiamos nossas roupas apressadamente, exaustos. De volta para a clareira. Há muito tempo já passou do meio-dia e, desde anteontem, meu único alimento foi aquele pedacinho de pão de aveia. A fome me tortura, cambaleio de fraqueza. Nunca vou entender como aguentei, depois de tudo isso, os próximos vinte quilômetros de subida forçada pela montanha.

Começamos em intervalos curtos, divididos em grupos de duzentos. A unidade em que eu iria parar e a qual campo de extermínio eu logo iria pertencer era uma questão totalmente aleatória.

A boa conservação das estradas da montanha e grupos dispersos de casas indicam a existência de aldeias. Algumas construções bem distantes umas das outras, uma ou outra fábrica ou mina; todas as localidades são compostas mais ou menos da mesma forma, mas o banco, a pousada, a farmácia e a casa dos nazistas, cobertos de pôsteres e bandeiras plantadas em barris e decorados com folhagem, não faltam em nenhum lugar.

Nossos novos guardas de Mühlhausen não são mais jovens da ss com metralhadoras. Velhos insurgentes da Wehrmacht, vestidos com uniformes verdes desbotados e gastos, reclamam da marcha que se arrasta vacilante e amarga. Descanso não existe, os alemães não estão cansados. Nós, cada vez mais. Os tamancos de madeira fazem sangrar meus pés já feridos, a cada passo o couro cru e áspero enfia uma faca em meu tornozelo em chamas.

— *Los!... Los!... Bewegung!...**

A pressão está presente o tempo todo. Lá detrás em nosso grupo vem uma tremenda lamentação. A voz primeiro grita e depois choraminga. É com a coronha da espingarda que eles chamam à razão alguém que parou para tirar seu calçado ensanguentado. Estamos todos exaustos. Também dessa vez parece que a maldita jornada não vai acabar nunca.

Dos dois lados da estrada passamos por um ou outro campo de concentração. Alguns são assustadoramente parecidos. As tendas redondas pintadas de verde, a torre de vigia de madeira com metralhadoras, do lado de fora do arame farpado os alojamentos da guarda, *Häftlings* se movendo com uma lentidão hesitante, alemães fumando cachimbo e, acima de tudo isso, o céu da Silésia, em que sempre há nuvens passando — é desesperadoramente o mesmo em todos os lugares.

A estrada faz uma curva numa encosta arborizada. Alguns listras azuis se movem nas encostas de um morro, a uns trinta ou quarenta metros de altura. São como nós. Com picareta e pá, escavam uma faixa de argila amarela. Com baldes, o solo de lama pesada é jogado para dentro de vagões de ferro com formato de amassadeiras de pão, os chamados "japoneses". Outros seguram os vagões e os giram para o lado da montanha. Carregam barras de ferro, pedras rolam. À esquerda, em outra colina, as conhecidas tendas verdes. Num ponto ainda mais alto, uma torre de madeira com sentinela e metralhadora. Os vagões de ferro guincham de forma desagradável, em algum lugar uma betoneira invisível e seu bater ritmado. Gritos prolongados:

— *Los!... Bewegung!... Los!...*

Parece que estamos em casa.

---

* "Rápido!... Rápido!... Mexam-se!...", em alemão.

6.

O lugar em que o campo está localizado é chamado de Eule. É considerado um dos locais mais pitorescos da Baixa Silésia. Nas suas imediações, apesar de ser uma região de mineração, existem estâncias termais de alto padrão. No passado, pessoas com problemas cardíacos se refugiavam aqui para fugir do calor do verão. O clima é sempre relativamente mais fresco que o clima normal das estações, o calor do sol é filtrado por caravanas de nuvens em constante movimento. Caso se esteja bem-vestido, tenha nome, dinheiro, cigarros e jornais, não deve ser má ideia ser hóspede nessa região.

Ficamos sabendo de tudo isso com os mais antigos. Nosso campo de concentração está em construção agora, somos o terceiro carregamento. Encontram-se ali apenas algumas centenas de pessoas. Noventa por cento são da Grécia, o restante da Holanda, França e Polônia. Há alguns de Budapeste também. Todos judeus, evidentemente.

A ainda pouco desenvolvida hierarquia local também foi formada de acordo com a adequada divisão das nacionalidades.

O *Lagerälteste* é um judeu francês baixinho, de ombros estreitos, arrogante e convencido. Ele até usa um nome. É chamado de Max e, segundo dizem, tinha um cabaré de absoluta má fama em Paris. É o senhor todo-poderoso no campo. Um homem mal-intencionado, cruel e caprichoso. Sua chibata fina e ondulante é tão amedrontadora quanto o chicote e o revólver do sargento da ss que comanda o campo.

Michel, o secretário, é de Amsterdam. As obras são executadas por três empreiteiras. A filial de Waldenburg da Georg Urban contrata principalmente as obras de terraplenagem; a Kemna perfura túneis; e a Baugesellschaft é uma empresa de construção de blocos que, junto com os *Häftlings*, edifica a própria cidade de tendas em grande escala. Três *kápós* de empresa com os respectivos vice-*kápós* e alguns *Blockältestes* compõem toda a aristocracia. E, claro, aí também têm que ser incluídos o *Lagerälteste* e o secretário. Não há cozinha e, consequentemente, também não há barões da cozinha. Os sanitaristas poderosos também estão ausentes, por enquanto. A sopa é trazida em recipientes refratários, de um local desconhecido, por caminhões.

Nossa chegada não causa nenhum tipo de estranhamento. Os trabalhadores escravizados que estão na encosta nos dão uma espiada passageira, com olhos embaçados pela indiferença. O *Lagerälteste* magrela é quem recebe do chefe da guarda a lista do grupo. Lê os números. Os *Zelts* esperam vazios, expostos ao vento, num terreno elevado. É a primeira vez que vejo de perto uma instalação como essa. O *Zelt*: uma tenda redonda feita de uma espécie de plástico parecido com papel machê. No interior, em volta de uma camada de terra que se assemelha a um picadeiro de circo, um piso de tábua corre ao longo da parede, dividida em 24 triângulos de ângulos agudos, de área igual. Cada triângulo só tem espaço para que talvez uma pessoa mais franzina possa se esticar sobre ele. Mesmo assim, os "residentes" são forçados a se amontoar como arenques, já que trinta deles são colocados em cada *Zelt*. Um sono reparador está fora de cogitação.

Carregamos para dentro a serragem que faz as vezes de colchões. Nos campos de extermínio a serragem é um substituto da palha. Nunca vi palha por aqui. A serragem é altamente valorizada nessas paragens pobres, lamacentas e áridas. Recebemos dois fardos de serragem por *Zelt*, suficientes apenas para espalhar sobre a tábua de madeira úmida. Um fino cobertor de lã sintética é deixado sobre os deploráveis espaços para dormir, e logo em seguida, pela primeira vez, se ouve a temida palavra, que depois tantas vezes fará saltar pela boca nosso coração exaurido:

— *Apell!*

Apell para fazer fila, para comunicação de ordens, escala de trabalho, relatórios, questões rápidas, julgamento, condenação e execução de sentença, tudo isso condensado em um só conceito e um só ato. Em geral o *Apell* acontece ao amanhecer, antes de irmos para o trabalho e, à noite, depois de voltarmos. Em geral. Mas o dia inteiro, por assim dizer, até no horário definido para descanso, ouve-se tocar o cano de ferro enferrujado suspenso nos nós das árvores: o gongo do campo. Indica um *Apell* extraordinário. Nunca dá para saber por quantas horas teremos que rastejar, de qualquer forma já torturados pela perspectiva da morte, no vento, na chuva, ou ficar em posição de sentido, e, sobretudo, sem nunca saber quando seremos testemunhas da sentença de morte de prováveis delinquentes sendo pronunciada e executada.

Nós nos apresentamos para o primeiro *Apell* sem suspeitar de nada. Formamos um grande quadrado diante dos *Zelts*. Os antigos formam colunas separadas, segundo as empresas para as quais trabalham. Na lateral, o pequeno grupo de limpeza do campo. No centro do quadrado humano, o *Lagerälteste* com o secretário. Os *kápós* de empresa, com ar arrogante, correm de lá para cá na frente de suas colunas, endireitando as fileiras com pauladas. Os homens, com os sentidos meio entorpecidos devido ao cansaço e mortos de fome, olham para o centro com um horror incrédulo. O *Lagerälteste* grita a plenos pulmões:

— *Achtung! Schmützen ab!**

A multidão se coloca em posição de sentido. Segundo um movimento prescrito, os bonés dos presos são tirados rapidamente das cabeças raspadas. O comandante do campo sai de seu alojamento.

Um sargento da ss. Deve ter cerca de quarenta, cinquenta anos. À noite, depois dos *Apells*, ele pega seu violino e com um raspado trêmulo toca melodias sentimentais para as estrelas. Até agora, espancou até a morte 22 pessoas durante os *Apells*; nove ele matou a tiros de revólver, diante dos olhares dos homens dispostos nas colunas. Um teutônico corpulento, olhos azul-claros, loiro, de óculos. É dono de um matadouro em uma das pequenas aldeias da Pomerânia. Agora é sua mulher que dirige o negócio. Sim, uma guerra está acontecendo e o dever chama...

Na cintura, um revólver se destaca, e seu chicote fica enrolado sob a alça do cinto. Ele se posiciona no centro da formação e gesticula para o secretário e o *Lagerälteste*. Com os assistentes seguindo seus passos e segurando uma lista, passa altivamente e rápido pela frente das colunas. Lê o número de identificação dos homens, de cinco em cinco, e com o chicote bate de leve nos ombros dos primeiros.

Dessa vez a contagem está em ordem. Que o destino e todos os demônios cuidem para que não seja diferente. Depois disso, só falta o interrogatório. O *Lagerälteste* olha para o pedaço de papel em sua mão e grita:

— 21 825!

Alguém sai da fila e se arrasta até o centro. Passos resignados,

---

* "Atenção! Tirar o boné!", em alemão.

encurvados. Ele já sabe o que o espera, pois a convocação do cadáver geralmente acontece depois de um relatório do inspetor de trabalho civil ou do guarda da ss.

— Seu judeu fedorento, das dez ao meio-dia e meia você se ausentou do trabalho. Onde esteve? Acha que entupimos vocês de comida por nada?

Não ouvimos a resposta, apenas o zunido do chicote. Isso é o aquecimento.

O 21 825 é obrigado a ficar de quatro. De qualquer forma, isso é apenas uma formalidade, mera tradição, pois a maioria dos golpes é dirigida para a cabeça.

— Cinquenta — diz o violinista.

A sentença é executada pelo *Lagerälteste*. O açougueiro da Pomerânia não lida com coisas miúdas, mas conscienciosamente as supervisiona, e o *Älteste* aplica seu melhor esforço nas pancadas. Ainda mais porque, se o deus do campo pressentir algo suspeito, acontece com frequência que a cabeça do executor receba ela própria a continuação da sentença.

Após o terceiro golpe, 21 825 já está no chão se contorcendo todo. No começo ele grita desenfreadamente, como um animal selvagem, mas na vigésima chicotada seu grunhido se reduz a um gemido. O 21º golpe, o 22º, o quinquagésimo caem sobre uma massa inerte. O *Älteste* acena, três do grupo dos faxineiros se apresentam e carregam a vítima para longe.

— 27 111 — soa novamente a chamada no silêncio trêmulo.

O próximo se apresenta. De novo uma saraivada de golpes. A cena do falanstério em *A tragédia do homem** me assombra. É a mesma coisa e, ainda assim, quanta diferença. O ancião do falanstério apenas mandava ajoelhar sobre grãos de pimenta, o

---

* Peça de Imre Madách, traduzida no Brasil por Paulo Rónai e Geir Campos (Rio de Janeiro: Salamandra, 1980).

pomerânio de óculos assassina. Madách apenas sonhou, Hitler executa.

O chicote vai estalar no corpo de mais três vítimas e, então, o *Apell* termina.

Cambaleio, estonteado. O enjoo me embrulha o estômago. Fila para a ração diária: pão, uma colherada de geleia de fruta azeda. Nós, recém-chegados, ainda não ganhamos sopa, para nós a cozinha não recebeu pedido. O pão mal dá para algumas mordidas, e então a fome tortura de maneira ainda mais dolorosa. Duas coisas são desconhecidas nos campos de extermínio: o sorriso e a saciedade.

São oito e meia da noite. Ainda falta meia hora para o toque de recolher. Em frente aos *Zelts*, lentamente vamos nos conhecendo. Entre os poucos veteranos de Budapeste está aqui o filho de János Vázsonyi, o judeu ex-ministro da Justiça da Hungria, que, com pouco sucesso, mas com uma ambição obstinada, certa vez tentou praticar política. Um dia, se bem me lembro, foi num jantar da comunidade, nos apresentamos um ao outro.

Perdeu metade do peso, e seu eterno sorriso fácil afundou, meio emaciado e endurecido, transformando-se numa careta dolorosa. Visivelmente se nota que está morrendo, embora tenha chegado aqui há apenas algumas semanas. Dizem que já tentou suicídio três vezes. Era um fumante inveterado, e a abstinência de nicotina lhe é especialmente insuportável. Com um anseio delirante, cria fantasias com montanhas de cigarros e pilhas de tabaco. Só recupera sua antiga essência humana quando, muito ocasionalmente, consegue pegar uma bituca de cigarro ou alguns fiapos de tabaco. Nessas horas, ele reúne os húngaros a seu redor e inicia uma longa discussão, que sempre termina com um acorde final otimista:

— Eles não vão poder aguentar mais do que algumas semanas. Não, de jeito nenhum. Assim que a invasão ocorrer, eles vão enfrentar um colapso vertiginoso. A libertação está se aproximando, vocês verão, vamos voltar para casa.

Agora também está falando sobre algo semelhante. Na mão magra e trêmula arde a bituca de um Caporal.* Hoje ele ganhou um Caporal quase inteiro, de um prisioneiro de guerra inglês, na estação ferroviária, onde trabalhava em um grupo de carregamento de vagões. Conta sobre sua sorte com gestos largos e vivazes. Feliz.

Nós, os recém-chegados, já estamos em movimento nas tendas, preparando nossos lugares de dormir. O pessoal de Zombor, Szabadka e Újvidék trata de ficar junto, no mesmo *Zelt*. O *Lagerälteste* e o secretário também aparecem. Com ar complacente, mostram-se interessados por notícias do front. Depois disso o secretário bate na barra de ferro. O gongo de som rouco toca e a noite já imóvel recai sobre nós, escravizados.

* Tipo de cigarro de sabor forte e pungente, distribuído para tropas.

7.

São quatro horas da manhã. Ouve-se um chute na parede da barraca:

— *Auf!**

Os despertadores passam gritando pelos *Zelts*. O secretário toca furiosamente o gongo de cano de ferro pendurado na árvore. Os escravizados pulam, atordoados. Quem à noite tirou a roupa agora apressadamente veste os trapos listrados. As possibilidades de higiene são mínimas. As poucas torneiras no pátio são assaltadas por centenas, mas apenas alguns conseguem molhar as mãos e o rosto na água gelada. A propósito, beber água é estritamente proibido, porque está infectada. E, sem exceção, essa situação é a mesma em todos os campos.

Outro gongo marca as preliminares do *Apell* da madrugada. É preciso se apressar, porque quem não se alinhar na coluna dentro de segundos estará brincando com a vida. Perder um *Apell* é crime capital, e a punição geralmente é a morte.

---

* "Levantar!", em alemão.

É difícil imaginar algo mais desesperador e deprimente do que acordar de manhã tão cedo em condições tão miseráveis. A única certeza é que esse será, de novo, outro longo dia cheio de agonias e perigos, fome e chicotadas, sujeira e piolhos, e que continuamente enche a gente de um desejo agonizante de morrer. Acabar com tudo — eis outra vez o refrão que se repete na mente cansada. No entanto, essas foram apenas madrugadas de primavera. Mais tarde, em meio ao desespero dos crepúsculos ainda mais sombrios de novembro e dezembro, o *Häftling* então se lembrará desses dias como alegres sessões de treinamento ao amanhecer. Afinal, agora ainda havia a esperança de que o sol sairia dentro de alguns minutos ou horas e que atravessaria nossas roupas cristalizadas pela geada.

Mas naquele momento quem pensava nas madrugadas de novembro? Isso já era mais do que suficiente. Esgotamos profundamente o estoque de tormentos do presente, nem imaginávamos que coisas mais horríveis poderiam acontecer.

Café da manhã não existe. Só se ouvem as vozes dos chefes, os *kápós* de empresa gritando e puxando, para suas fileiras, as pessoas que tossem sufocadas. Acordo mais cansado do que quando fui dormir. A tábua dura polvilhada com serragem não deixa descansar, o estômago vazio rouba o sono.

Ao redor da latrina assustadoramente suja, o esterco se acumula numa poça fedorenta. No escuro como breu, aqueles que necessitam mijam uns sobre os outros. Sombras chapinham no lago hediondo, xingando, empurrando, suspirando. Em outras mãos, ardem pontas de cigarro. Olhando para a brasa minúscula, imploram, barganham uma tragada. Os fumantes, com superioridade possessiva, agacham sobre o esterco, gemem, dão tragadas profundas. Nos domínios de Auschwitz, o instinto da repulsa é o primeiro a atrofiar. Os distribuidores de comida que ainda têm algumas sobras de pão de ontem vendem os pedacinhos por "tragadas". Acontecem trocas rápidas; aquele que tem pão engole a fumaça com sofreguidão; o do cigarro, também de cócoras, mordisca um pedaço de pão.

Ouve-se o grito do *Lagerälteste*:

— *Antreten!**

Começa a correria. Na madrugada fria, formamos fila com uma rapidez incrível. Os recém-chegados ficam numa coluna separada. Junto com o comandante do campo aparecem alguns civis. Fiscais de trabalho das empreiteiras do trabalho escravo. Começa a seleção entre nós, os recém-chegados. A coisa se assemelha, de maneira assustadora, a um mercado de escravizados.

Cada empresa demanda um certo número de escravizados. Cada uma delas tenta, por um lado, assegurar os mais capacitados, e que, por outro, sejam falantes de alemão. Entre as três, a Kemna é a mais temida. Não só por causa de seus loucos e impiedosos capatazes civis, sobre cuja crueldade ontem já ouvimos histórias de arrepiar os cabelos, mas também porque essa empresa faz a perfuração de túneis. Trabalhar em túneis, em nossa situação, é o pior pesadelo entre todos os pesadelos. Por enquanto, a Urban ainda está executando obras de superfície, escavando, quebrando pedras e instalando ramais ferroviários, mas no final a construção aqui também acabará se concentrando em escavações. De acordo com os mais antigos, a Baugesellschaft, a construtora de quartéis, é relativamente a melhor. Como o trabalho é feito na própria área do campo, os trabalhadores escravizados não precisam fazer a caminhada forçada de vários quilômetros, de ida e volta, do campo até o distante canteiro de obras. Então, é claro, os antigos tentaram se alinhar na Baugesellschaft. Então nós, os recém-chegados, começamos com uma desvantagem considerável; fomos requisitados pela Kemna e pela Urban. Consegui escapar da primeira e

---

* "Sentido!", em alemão.

passei a ficar entre os escravizados da segunda. Por meu trabalho, a empresa paga dois marcos por dia para o governo de Hitler, e não alimento ilusões de que, por essa quantia, com a qual a máquina do Estado cobre minha "comida" e minhas "roupas", terei que trabalhar muito.

Os escravos da Urban fazem fila separados e os *kápós* de cassetete escolhem suas equipes. Hoje, novos setores estão sendo formados para novos locais de trabalho. Ao acaso me junto a um deles. Os grupos de vinte a 25 homens, acompanhados por um guarda da ss e um supervisor civil, se espalham em todas as direções.

Tenho sorte, meu local de trabalho não fica longe. Carrego trilhos ferroviários industriais. Ficamos de pé no quadrado formado pelo cruzamento dos trilhos e, ao comando do *kápó*, os levantamos e carregamos. Uma faina anormalmente pesada. Os metros se estendem até o infinito, e os gregos, com quem ando em parelha, fazem corpo mole. Percebo que através de manobras hábeis o peso destinado a duas pessoas recai só sobre mim. Meu braço parece ser arrancado de meu tronco a cada segundo, à medida que prossigo, com o rosto em chamas, tonto, os olhos embaçados.

E assim acontece minha iniciação a Eule.

8.

Passam-se catorze dias de calvário. A vida de outrora, o mundo além do arame farpado, é um lindo sonho improvável que certa vez me ocorreu, há muito tempo. Talvez nem tenha sido nesta vida. Toco meu rosto; mesmo sem espelho consigo perceber o quanto ele definhou. Minha pele está flácida, o corpo usa cada gota da antiga reserva de gordura. Caminho arrastando os pés e, junto com os outros, me atiro como um animal selvagem na sopa marrom-escura do campo. A sensação constante de fome intensifica meu desejo irado e impotente de fumar. Em troca da ração diária de pão, compro tabaco dos gregos, sempre que disponível.

Os gregos são os traficantes do campo. São hábeis contrabandistas, incrivelmente hipócritas e desleais. Conseguem qualquer coisa e exigem preços exorbitantes por tudo. A grande maioria é de judeus orientais e foi trazida para cá desde Janina, Patras e de outras ilhas gregas. São homens de pele escura, selvagens, desumanos, cheios de instintos estranhos e alienígenas que nós não entendemos, nem conseguimos entender, pois já devemos ter abandonado seus métodos séculos atrás. Perplexo, eu os encaro incrédulo, sua negação viva da solidariedade judaica mundial, característica racial marcante e unânime da alma judaica, da qual eles são uma antipropaganda para os bárbaros nazistas.

Quase não há pessoas escolarizadas entre eles. A grande maioria é chocantemente ignorante, retrógrada. Quanto à ocupação, em geral são caixeiros-viajantes e negociantes de coisas usadas. Seu eterno sorriso de otário dá nos nervos. Eles sabem muita coisa que não sabemos. Com um talento admirável, em questão de dias conseguem cair nas boas graças dos alemães. Têm uma habilidade especial para fazer a indolência parecer um esforço febril, um trabalho sério. São tão bons nisso que até os alemães desconfiados caem em seu jogo. Instintivamente vadios, preguiçosos e rápidos em dissimular, ainda assim são apresentados a nós como exemplos pelos guardas e *Meisters*. São eles que conseguem esmolar as bitucas dos cigarros dos feitores alemães. Todos observamos furtivamente, à espera do grande momento em que elas queimam os lábios e são jogadas fora. Mas os gregos sempre chegam antes de nós.

Não são capazes de aprender nem as expressões alemãs mais simples, mesmo assim estão constantemente vagando perto do *Meister*, bajulando, se valorizando e delatando. Na ausência de habilidades linguísticas, fazem tudo isso gesticulando de tudo quanto é jeito.

— *Ungar nix árbájt, grek gut árbájt!** — tagarela o grego no ouvido do *Meister*, dez a vinte vezes por dia. O alemão acaba por acreditar nisso, o grego sempre recebe o reconhecimento e a bituca.

São campeões incontestáveis na arte de roubar. O roubo — sobretudo o roubo de pão, que, nessas circunstâncias, significa vida — é um crime capital no campo. Na maioria das vezes, os próprios prisioneiros executam a punição, na hora e de maneira

---

* "Húngaro nada funciona, grego funciona bem!"

impiedosa. Acontece muitas vezes de a multidão, sedenta de sangue, linchar o ladrão de pão pego em flagrante. Esse tipo de ação perversa rapidamente inflama o senso de comunidade, a percepção de que hoje ou amanhã o tesouro embrulhado por qualquer um de nós em trapos ou num saco de cimento pode ser roubado.

Dez meses depois, assisti a vários julgamentos seguidos de execuções na fábrica da morte de Dörnhaus. À minha frente, vi serem arrastadas, empurradas, chutadas e dilaceradas até a morte muitas pessoas que, no auge da fome, foram pegas roubando pão.

No entanto, era difícil apanhar em flagrante os "companheiros de infortúnio" gregos. Até hoje não entendo seus métodos ladinos e truques ardilosos. Nunca vou saber como conseguiram pegar o pão que eu havia escondido dentro do saco de juta grosseiro e enfiado debaixo da cabeça. Não havia sinal de corte no saco, então eles tiveram que enfiar a mão bem fundo na costura lateral e remexer embaixo de minha cabeça com tanto cuidado que eu não despertasse de meu semissono. E essa é uma destreza digna de milagres e não menos admirável. Os *Häftlings* gregos fazem milagres desse tipo.

Catorze dias em Eule...

Numa velocidade perigosa, a imundície do lugar me torna vil. Aos gritos, com violência mordaz, luto por uma picareta mais leve, por uma ocupação menos pesada no trabalho ferroviário, por uma sopa mais encorpada, por um espaço mínimo para me deitar. Com gritos desconexos me atiro na lama junto com os outros para lutar por cenouras encontradas na beira da estrada, com os dentes cerrados corro atrás de cada ponta de cigarro jogada no chão.

Depois de acordar às quatro da manhã, às cinco já estamos de prontidão em nosso local de trabalho. Com um intervalo de meia hora de descanso no horário do almoço, o turno vai até as seis da tarde. O retorno para o campo, os *Apells* noturnos, a confusão em torno da distribuição da comida, tudo isso rouba mais uma hora e meia. Por volta das sete e meia você pode começar a pensar em si mesmo. No filete de água que escorre dos canos, você pode molhar o rosto e as mãos, que estão cobertos de terra, poeira, cimento e sujeira. Também pode fazer curativos em suas feridas se encontrar o atarantado polonês mal-humorado que aqui finge ser médico, embora em sua cidade ele pudesse — na melhor das hipóteses — ser enfermeiro. Mas também podia ser vendedor de roupas usadas ou caldeireiro.

Fico de pé dezessete horas por dia, pelo menos catorze das quais gastas em trabalho árduo. O litro de caldo frio, que com o nome de sopa é despejado na lata de conserva enferrujada que me serve de marmita, não acalma a fome torturante. Avidamente, sem mastigar, vou engolindo uma quarta parte do pão. Tem talvez quatrocentos gramas, mas é um pão pesado, insípido e desbalanceado. Não alimenta. Além disso, sinto pena das pessoas organizadas, cautelosas. Ficam medindo os centímetros, cortam fatias superfinas. Quando há oportunidade de comprar cigarros, naturalmente a maior parte da minha porção de pão vai para o estômago dos gregos.

Há também o *"culág"*. Quinze a vinte gramas de margarina, geleia ou uma fatia fina de salame de cavalo, geralmente já fedido. Uma vez por semana temos a estrela entre as sopas: sopa de leite desnatado. Doce, quente, reconfortante. Com tiras de macarrão nadando dentro. Nessa hora, nosso paladar percebe com alegria a rara sensação do gosto. Prometemos que, quando chegarmos em casa, todos os dias vamos pedir sopa de leite. Organizaremos orgias de sopa de leite, vamos nos deliciar em sopa de leite. Também é um banquete digno de festa quando temos batatas com molho. Cinco ou seis batatas raquíticas cozidas com casca, nadando em meio litro de molho. Entretanto, esse prato raro impacta pela solidez. Na verdade, é o único alimento que não recebemos na forma líquida, tirando o *culág* e o pão. Ele e a sopa de leite são iguarias infrequentes; o menu é quase sempre composto de cenoura, azedinha ou a chamada "sopa do campo". Cada porção tem calorias medidas com precisão: a sopa, o pão e o *culág* contêm a quantidade exata de nutrientes absolutamente necessários para a mínima manutenção do corpo. Para sua manutenção, não para sua proteção. Esta última não tem a menor importância. A força de trabalho e o tempo de vida do *Häftling* são calculados para alguns meses. Quando ele morre, os vagões lacrados com chumbo descarregam produtos frescos e bem engordados. A dotação de calorias dos campos de extermínio é o trabalho diligente de cientistas alemães sem talento, e resultado de uma metódica e absurdamente detalhada pesquisa experimental alemã a partir de insetos. Satisfazer a fome — isso é bem diferente. Isso não é necessário.

Foram eles que inventaram a sopa do campo, essa massa com gosto de tabaco que se deposita no líquido, o queijo em pó, a geleia de melaço horrivelmente fedida e as demais iguarias dos *Häftlings*.

São oito horas da noite, lá fora está escuro como breu, no meio do *Zelt* pisca uma lamparina a óleo. Pessoas mortas de cansaço se esticam nos triângulos. O líquido quente provoca arrotos nojentos; fazemos compressas em nossos furúnculos. Nos coçamos.

Estou alojado no *Zelt* do pessoal de Újvidék. Há vários dias trabalho com meu velho amigo Béla Maurer, advogado-jornalista e ex-editor de um dos jornais diários húngaros na Iugoslávia. Não o via desde Topolya. Ele tinha realmente se enganado quando, lá, duvidou que seríamos levados para fora do país. Arranja um lugar na tenda. Afora eu e o pequeno Bolgár, todos aqui são de Újvidék.

Maurer é uma pessoa gentil e inteligente, todos gostam dele. Chegou pesando 120 quilos e, por sofrer de problema de estômago havia muito, temia qualquer alimento que não fosse dietético. Por semanas não tocou em comida, viveu de suas reservas de gordura. Hoje ele também já aprendeu. Não pesa mais de setenta quilos, mas toma a sopa do campo como qualquer um de nós. No entanto, afirma, seu estômago não dói mais.

Sedentos, ouvimos suas explicações mirabolantes:

— Vocês têm que fazer como eu. Simplesmente avaliar a situação. Qual é a situação? O fato é que quatro meses podem ser suportados.

— Para você é fácil falar — diz Gleiwitz, o magricela sempre triste —, você trouxe seu próprio pote de gordura.

— Com os diabos! Você aguenta, do mesmo jeito. Não há pessoa medianamente saudável que não tenha uma reserva de quatro meses de vitalidade. Mas em quatro meses a certeza matemática acaba. Quando chegamos, todas as pessoas minimamente instruídas sabiam que os alemães já estavam perdidos quando a Blitzkrieg, a guerra-relâmpago, não surtiu efeito.

O advogado Imhof discorda, baixinho:

— Isso mesmo, perderam. E nós junto com eles.

Maurer, temperamental como é, fica furioso:

— E quanto a nós, vamos voltar para casa. Entende? Para casa. A esta altura pode ser até que os anglo-saxões já tenham desembarcado em terra firme. Após a invasão, os eventos vão se seguir em rápida sucessão. Não haverá mais drama. No lado oriental, a iniciativa pertence aos soviéticos, os pequenos satélites vacilam. Quais são as expectativas de Hitler?

— Nenhuma. Assim como nós — insiste Imhof.

— Tolice. O colapso não está longe. No máximo quatro meses.

As pessoas do *Zelt* ouvem tudo com a respiração suspensa. A esperança estende suas asas. Novamente conseguimos acreditar, até o próximo *Apell*, na manhã seguinte. Maurer, contundente e persuasivo, espalha confiança. Sou o único hesitante.

— Béla, olhe à sua volta! Observe esta abundância de material! A fartura de tábuas, ferro, aço e cimento, tudo de excelente qualidade que chega aqui todos os dias. Essa multidão de força de trabalho jovem que, no quinto ano da guerra, ainda pode ficar longe do front. Onde está a escassez aqui? Onde se pode pressentir o colapso por aqui?

— Onde? Vou lhe dizer. Em primeiro lugar, nos estômagos… Em segundo, nos espíritos. Ontem falei pessoalmente com Jozef. Você sabe, aquele loiro baixinho. *Meister* na pedreira. Acabamos nos entendendo bem. Um verdadeiro alemão. Mentalidade de rebanho. Sua necessidade espiritual é se mostrar humilde com os superiores e impiedoso com os inferiores. Mas o convenci de que sou juiz forense e ele se rendeu ao prestígio. Acabou me nomeando *kápó* de cassetete para sua equipe. Bem, esse Jozef me confessou que, por fazer trabalho braçal pesado, ganha dois ovos por mês. Também recebe a mais, entre outras coisas, 250 gramas de pão de aveia por dia, e dois, veja você, dois cigarros. Ou uma quantidade equivalente de tabaco para cachimbo. Jozef é um fumante inveterado e, como não consegue pagar um marco e meio, isto é, o preço do mercado clandestino do cigarro, fuma folhas de morango.

— Bem feito para ele — interrompo —, ontem sequei estrume de cavalo.

— Um dia vou escrever sobre isso — brinca Maurer, com o ar de superioridade dos não fumantes. — Quando eu voltar para casa, vou escrever um romance sobre Auschwitz. Serão seiscentas páginas.

"Então, na falta de coisa melhor, nosso Jozef se apegou às folhas de morango", continua. "Hoje ele ainda é um nazista ferrenho, mas quem sabe o que o futuro reserva? Não se espera que ditadores sejam derrotados. E, acima de tudo, eles não podem brincar com o estômago de seus subordinados. Esse Jozef ainda é um homem de Hitler. As teorias insanas, os slogans sombrios ainda vivem nele, mas com 250 gramas de pão não se consegue gritar '*Heil Hitler!*' por muito tempo. E Jozef também pode se lembrar de que sua esposa e seu filho recebem apenas 150 gramas de pão em sua cidade, na Saxônia. Há pregos, tábuas, cimento e aço. Mas não dá para encher o estômago com pregos. Você pode ver com seus próprios olhos que os soldados da ss também não comem alimentos muito diferentes."

Maurer não me convence.

— Eles recebem uma sopa especial — contesto. — Com carne. Porções maiores de pão, café preto, cigarros. Roupas, sapatos, dinheiro. Não trabalham catorze horas por dia. Deixa para lá, Béla! Estamos diante de 80 milhões de assassinos e, se a coisa complicar, a primeira coisa que farão é nos matar.

Seco, Gleiwitz acrescenta:

— Mas esse é apenas um serviço de retaguarda do front, de terceira categoria. Os soldados da linha de frente, pode ter certeza, ganham até chocolate. Tabaco, quanto quiserem. Sem mencionar tudo que conseguem roubar.

— Não existem 80 milhões de assassinos — diz Maurer, gesticulando como de hábito —, no máximo…

— No máximo 10 milhões — acrescenta Gleiwitz. — Mas esses realmente existem, que o diabo os carregue…

Essas palavras são recebidas com amarga serenidade. Maurer não se deixa vencer. O povo não pode ser equiparado a uma camarilha louca e sedenta de sangue.

De minha parte, penso mais ou menos o seguinte:

"Isso mesmo. Uma grande nação, que desde tempos imemoriais desempenhou um papel decisivo em todos os aspectos da história, um povo que deu ao mundo Goethe e Koch, Beethoven e Röntgen, não pode ser coletivamente condenado pelo crime de assassinos psicopatas e homicidas. Contra isso não apenas a mente analítica se opõe, mas também o instinto. Por outro lado, é fato que dos 80 milhões de pessoas 'racionais', calculado por baixo, 10 milhões estão direta ou indiretamente interessados, ou mesmo empregados, na grande máquina de fazer crimes contra a humanidade. Consciente ou inconscientemente, o papel de cúmplice é desempenhado por milhões. Então, por que a tão poucos deles ocorre que estão cometendo crimes? O terror não explica de maneira satisfatória a quase completa falta de defesa. De fato, não dá para se referir a 80 milhões de assassinos, mas a alguns milhões, dá. Em todo caso, dá.

"Esse é um povo estranho. Cheio de contradições internas, cheio de extremos espantosos. Um povo peculiar; deu ao mundo não apenas Robert Koch, mas também Ilse Koch, a bruxa de Belsen, a assassina em massa mais perversa de todos os tempos; não apenas Kepler, mas também Himmler. Os obcecados por compreender e os coveiros da civilização. Alternam-se entre humanistas e estripadores. Os soldados de Napoleão carregavam na mochila o bastão de marechal, os pequeno-burgueses de Hitler, a faca de castrar."

Mas não digo nada. Pela pequena janela sem vidro da tenda, o vento primaveril de maio entra furtivamente e faz tremular a chama da lamparina. Juntos, somos trinta, já está quase na hora do toque de recolher. Estamos esperando o pequeno Bolgár, aluno da Universidade de Artes de Szeged, que trabalha no quartel de planejamento do pessoal da Todt. Ele teve uma sorte incrível e sua situação é bastante singular. Vive no paraíso das sobras de comida e de pontas de charuto, trabalha do lado das mesas. Desenha e carrega instrumentos de medição para os engenheiros.

— Esse, nem seu bom coração o matará — diz Maurer sobre ele, porque o tampinha, de um metro e meio de altura, nunca compartilhou seus tesouros com ninguém. Em compensação, ele também tem oportunidade de dar uma espiada nos jornais, e é com entusiasmo, até mesmo com prazer, que fornece notícias confiáveis.

Depois que o pequeno Bolgár chega, apagamos a lamparina e, sem se fazer de rogado, o jovem começa a nos informar sobre as novidades. Tem uma memória excelente, cita quase ipsis litteris as notícias da DNB* que aparecem no *Schweidnitzer Beobachter*, o jornal local da cidade vizinha.

Depois ele conta o que ouviu do pessoal da Todt. Sempre traz alguma notícia encorajadora. O desembarque no Ocidente ainda não começou, mas o grande evento já está pairando no ar. Deve acontecer a qualquer momento. Os próprios alemães estão constantemente considerando as possibilidades e o impacto que se pode esperar.

— Aquele gordo, o Gaedicke, sabem, aquele engenheiro de Berlim com quatro filhos, de quem já falei, hoje me ofereceu cerveja. E o que vocês acham que ele disse? "Bem, *Häftling*, daqui a pouco vamos para casa." Foi isso que ele disse. Juro para vocês.

— Só se for na imaginação dele — grunhe Gleiwitz no escuro.

— O quê?

— Que ele vai para casa.

Maurer se senta:

— Talvez ele não vá, mas nós, sim.

— Isso mesmo — concorda Grosz, milionário da indústria têxtil.

— E o que acontece se antes da capitulação os campos de concentração forem simplesmente destruídos? Se eles nos trancarem nas tendas e simplesmente atearem fogo? Se nos mandarem para o gás? Ou passarem a metralhadora em todo mundo junto?

É Gleiwitz de novo quem diz isso. Grosz está para morrer:

— Infelizmente, isso é muito plausível — diz, angustiado. — Se eles baterem em retirada, não vão pensar duas vezes. De qualquer forma, para eles já tanto faz.

A voz do sujeito da indústria têxtil agora soa chorosa. Ele é do grupo dos que organizam sua ração diária, ele se cuida, preza

---

* Deutsches Nachrichtenbüro, agência de notícias oficial do Terceiro Reich.

as próprias forças. Distribui sua ração diária de pão para o café da manhã, o almoço e o jantar, e, com o coração trêmulo, espera do fundo da alma que um dia ainda seja capaz de anotar esse pequeno passivo de Auschwitz em seus livros contábeis.

O sino do campo badala as nove horas. Gleiwitz, com todo o peso de seu *Stubenälteste*, de sua autoridade do comandante do *Zelt*, diz:

— Boa noite, camaradas de infortúnio! Deus abençoe a todos nós. Boa noite...

Que escárnio irracional e sem sentido tem aqui essa expressão tão comum, cuja profundidade conceitual, em casa, nunca penetramos devido à repetição mecânica. É possível ter uma boa noite? Em um lugar como este?

Maurer, que está se esticando a meu lado, me toca no ombro.

— Acho que, no final das contas, você estava certo. Lembra de *O processo Maurizius*?*

— Lembro do quê?

— *O processo Maurizius*, o romance.

— Mais ou menos. Como você foi se lembrar disso agora?

— Aquela história dos milhões de assassinos. Sabe, aquela parte com Klakusch, o velho carcereiro. Klakusch, de barba amarela. Esse Klakusch, depois de ouvir toda a narrativa sobre Maurizius e se convencer, do âmago de seu ser, de que o homem era inocente e tinha sido condenado injustamente, ficando preso por dezoito anos, responde à sociedade com um ato: ele se enforca.

— E daí?

— Por causa disso pode ser verdade que, mesmo que não estejamos enfrentando 80 milhões de assassinos, mas provavelmente alguns milhões.

---

* Romance de Jakob Wassermann, traduzido no Brasil por Octavio de Faria e Adonias Filho (São Paulo: Abril, 1982).

— Sim. Sei que muitos alemães podem até estar sentindo pena de nós, mas Klakuschs que se levantam, assumem riscos, chamam pelo nome o massacre mais animalesco dos últimos mil anos, às custas de sua própria pele, Klakuschs como esses não existem, ou, se existem, são muito poucos. Mas não conte para o pessoal daqui que eu também...

— O que você quer? Não está achando que as pessoas vão para o meio da Alexanderplatz em Berlim e que vão atirar a verdade na cara do povo de Hitler?

— Não exatamente. Mas algo parecido. Dez homens justos em Sodoma e Gomorra. Em nome de quem os outros poderiam ser perdoados.

— Não dez, tem até 10 mil. Você esqueceu que em Auschwitz alemães também definham, não só judeus. Presos políticos. E não apenas em Auschwitz. Eles podem ser encontrados em Dachau, Mauthausen, Buchenwald, Bergen-Belsen, Gross-Rosen... todos os lugares estão cheios deles.

— Mas isso não vale. Não é bem isso que estou pensando. O velho Klakusch não foi levado a se enforcar por convicções políticas. Não é exatamente esse o caso. Pura e simplesmente, compaixão humana. É isso que falta aos teutônicos de Hitler, e é por isso que a insanidade pode atingir tais proporções. Não dá para forçar milhões a assumirem a responsabilidade moral por tais ações, a menos que haja alguma concordância coletiva subconsciente e tácita atuando neles. O alemão é o povo dos músicos, dos pensadores e dos sádicos. Nenhum russo, francês, britânico, sérvio ou qualquer outro intelectual poderia ter inventado o carro a gás ou os matadouros mecanizados de Birkenau. Apenas a massa cinzenta do alemão. Do mesmo jeito que uma foca não pode dar à luz um canguru.

Maurer fica em silêncio. Estou pensando: "Ora, vejam só, trocamos de papéis. Ele está atacando o que até agora há pouco estava defendendo". Estamos amontoados entre corpos humanos que se viram gemendo. Dormir não se consegue, mas um certo torpor rodopiante nos abraça.

Até mesmo essas conversas entrecortadas são raras. Vez por outra ocorrem no campo noites de interação entre formas humanas. É necessário um dia relativamente calmo, um *Apell* sem espancamentos e algumas baforadas de fumaça de tabaco para, ao menos, nos dar vontade de falar.

Nossos milhares de infortúnios são agravados pelo fato de que a primavera não quer se firmar. Como se a própria região também fosse amaldiçoada; raramente temos duas ou três horas de sol. A constante presença de nuvens torna o clima incerto. Do lado sul, nosso campo fica sob a proteção de uma cordilheira, mas os ventos do norte sopram livres, passando furiosamente por nossas tendas.

A bem da verdade, já estamos praticamente em junho. Chegamos há seis semanas, o campo está crescendo a olhos vistos. Os soldados da construtora Baugesellschaft e os capatazes civis trabalham a todo vapor. Dois grandes barracões com 24 quartos estão prontos no sopé da colina, abaixo de nossos *Zelts*. Mais vinte alojamentos, enormes como esses, estão sendo construídos. Prometem ser muito mais confortáveis do que nossas tendas. Por enquanto, os barracões que estão prontos continuam vazios. Também chegaram caldeirões de trezentos litros para as cozinhas a serem montadas. A guarda foi ampliada; do lado de fora da cerca, numa velocidade febril, barracões semelhantes aos nossos estão sendo erguidos para os soldados e para o número cada vez maior de homens da Todt. Todos os sinais indicam que esse campo será grande.

Os coitados que trabalham para a Kemna voltam para seus alojamentos cada dia mais pálidos, com as pálpebras inflamadas e ensanguentadas. A cinco quilômetros do campo, estão escavando enormes cavernas subterrâneas. O túnel consome rapidamente o resto de saúde deles. Eles já contam dez mortos. Dois pereceram esmagados por pedras que despencaram e, nas últimas semanas, oito foram derrubados pelo ritmo intenso do trabalho escravo.

Nós, escravizados da Urban, por enquanto estamos fazendo trabalho de superfície. Instalamos ramais ferroviários, cavamos, quebramos pedras, talhamos, canalizamos. Aparentemente sem conexão e sentido, a cada hora começamos num novo lugar. Para um leigo, ainda não está claro o que estamos realmente fazendo. Mas os engenheiros que trabalham entre nós afirmam, com convicção, que isso que está sendo construído é uma imensa linha de defesa. Pode ser que os alemães recuem até aqui e, portanto, estão improvisando uma segunda Linha Siegfried nesta região. Todo o trabalho feito aqui faz parte da preparação de uma rede subterrânea de fortalezas. Mais tarde, em Fürstenstein, convenci--me de que havíamos adivinhado o objetivo de tudo aquilo. O castelo do grão-duque local foi visivelmente reformado para abrigar o quartel-general.

Não era nada animador imaginar que, em 1944, no quinto ano da guerra, o pessoal de Hitler tivesse material e mão de obra para novas Linhas Siegfried. Essa perspectiva em nada se coaduna com nossa única esperança: a possibilidade de um colapso iminente.

No entanto, havia realmente uma fortaleza subterrânea aparecendo nesse local. E surgiu mesmo. Não foi nem construída com relutância. Centenas de milhares de deportados fizeram um esforço sobre-humano, muitos milhares de vagões de madeira, concreto e aço foram utilizados. Um número assustador de regimentos inteiros da ss e da Wehrmacht, divisões da Todt, capatazes civis, fiscais, trabalhadores especializados, mineiros, especialistas em explosivos, pedreiros, mecânicos, serralheiros e carpinteiros planejavam, pressionavam e gastavam seu suor em algum campo da redondeza. Gradualmente Eule também ganhou cara nova. Na segunda quinzena de junho, chegaram, um após o outro, novos carregamentos de carga humana. Primeiro, chegaram mil deportados eslovacos, a maioria judeus de Kassa e arredores. Depois vieram poloneses; pobres infelizes que passaram por pogroms, nos guetos, estavam totalmente bestializados. Já estão nas mãos dos nazistas desde 1939. Morrem como moscas, uns dez por dia. Também da Transilvânia chegou um grupo com centenas de pessoas. De Kolozsvár, de Várad. Camponeses judeus de Markos, da região dos Cárpatos ucranianos, pessoas arrastadas de Ungvár e Munkács. Um som iídiche alongado, com uma melodia peculiar, ressoa no campo. Todas as empresas completaram sua força de trabalho. Uma nova aristocracia está nascendo, novos *kápós* e *Blockältestes* estão surgindo.

Os barracões estão sendo construídos num ritmo acelerado. No final de julho, todos nos mudamos para as novas construções de madeira. Cada um desses edifícios de vinte cômodos se tornou um bloco, com seu *Blockälteste* e seu comandante. Os prisioneiros eram aguardados por beliches e colchões de serragem. Trinta de nós dormiam num quarto e muitos beliches eram ocupados por duas pessoas, portanto aqui também o "conforto" não era muito maior do que nos *Zelts*.

Eu mesmo me torno morador do quarto número 5 do bloco I. Meus colegas de quarto são dos Cárpatos ucranianos.

9.

As duas carreiras mais marcantes de Eule foram ocupadas por dois *Häftlings* chamados Weisz. Um deles, um auxiliar de comerciante atarracado, bem ignorante, da região Norte, se tornou o primeiro *kápó* da Urban. Era o terror de seus companheiros de infortúnio; em sua alma, direta ou indiretamente, pesava um bom número de desprezíveis fratricídios. Mais tarde fiquei sabendo que antes mesmo do colapso ele foi espancado até a morte num dos campos. Nunca voltou para casa.

Esse homem tinha uma ambição hedionda, e também era quase primitivamente cruel. Um executor consciente, e até entusiasta, das intenções sombrias dos capatazes da Urban. Supervisionava o tempo inteiro os locais de trabalho; uma força indestrutível residia nele; é verdade que, em comparação com os outros, vivia em circunstâncias completamente diferentes. Recebia sua comida da cozinha da empresa e participava de todas as pequenas e grandes vantagens dos renegados selecionados. Era um sujeito desleal e presunçoso, que pertencia à verdadeira "ralé dos judeus". Falava húngaro com um sotaque estranho, horrível.

— Cê fazê, ou cê batê bota! — vivia rugindo. Se aparecia em algum lugar com seu cassetete de borracha, apertávamos o cabo da picareta ou da pá com mais força, como se o próprio comandante do campo tivesse chegado.

Essa besta dominada pelo poder, de instintos animalescos terríveis, uma cria do sistema nazista diabolicamente inventivo, se baseava na antiga e consagrada premissa de que o melhor capataz é o escravo elevado a uma posição privilegiada. A maioria da aristocracia do campo são figuras desse quilate.

De maneira peculiar, os poderosos de Auschwitz eram recrutados entre tipos que, em seu local de origem, tinham estado no nível inferior da estratificação burguesa judaica. Os que "não serviam para nada", os *"snorrers"*,* os *"nebichs"*,** os *"slemils"*,*** os endividados, os vigaristas, os delatores, os desocupados, sem renda estável, todos floresceram nesse pântano.

Por outro lado — com uma regularidade espantosa —, industriais, advogados, atacadistas, diretores, herdeiros de bancos cativos de igrejas, todos aqueles que no mundo lá fora haviam tido uma carreira na vida civil se tornaram os mais vulneráveis por ali. Se há um lugar em que a afirmação de que os últimos serão os primeiros e vice-versa, da Bíblia sagrada, de fato se tornou realidade, é este: os primeiros, os respeitáveis e os ricos, aqui se tornaram a escória entre os últimos.

O outro Weisz, em muitos aspectos, era uma exceção. Ocupava a posição mais invejada do campo: era o guardião das chaves, no depósito de materiais. Chamava-se Pál, tinha sido oficial na Transilvânia. Não sei se sobreviveu à guerra. De qualquer forma, chances para isso não lhe faltaram.

---

* Variante húngara do termo iídiche *schnorrer*: trapaceiro astuto.
** Termo iídiche: pessoa miserável e insignificante.
*** Variante húngara do termo iídiche *schlemiel*: pessoa azarada, pária.

Ele se achava numa situação bem peculiar: fazia pequenos favores tanto para os cinza como para o pessoal da Todt e, em contrapartida, tinha o direito exclusivo de esvaziar os cinzeiros nos escritórios da Todt, participava da sopa dos militares que também levava gordura, possuía uma lata de tabaco, botas com solado de couro, sabão, toalhas, lenços, lápis e outros tesouros totalmente inacessíveis para nós. Além disso, trabalhava em local coberto e era quase considerado como ser humano. Tudo isso o colocava em circunstâncias tão privilegiadas que sua ocupação, embora não apresentasse nenhum traje ou título distintivo, se igualava a qualquer posição superior. Com a diferença de que nem precisava bater nos companheiros de infortúnio para manter seu posto. Em comparação a ele, a atribuição do pequeno Bolgár, mesmo que de natureza semelhante, era considerada uma sorte modesta.

Pál Weisz era uma raridade ímpar em meio à imensa quantidade de pequenos deuses. Liberava alguma coisa para os sem-nome, mesmo que não tivesse nenhum parentesco ou afinidade com eles. Eu mesmo lhe devo muitas palavras de conforto e cigarros.

Desde a chegada dos novos, a situação piorou muito. Nós nos transformamos num campo de tamanho significativo; já éramos mais de 3 mil, e isso ficou evidente sobretudo na redução ainda maior das já mínimas rações de comida. Na repartição do pão e do *culág*, os poderosos que os distribuíam roubavam cada vez mais descaradamente. As barracas da cozinha estavam prontas, os caldeirões também estavam lá, mas os alimentos para a preparação da comida não chegavam. Esta ainda era entregue em recipientes térmicos de cinquenta litros, por caminhões.

A primeira distribuição era feita pelo *Lagerälteste* e seus assistentes. Eram eles que distribuíam as porções para cada bloco. Dentro dos blocos, o *Blockälteste* distribuía para os quartos, e por fim conseguíamos receber a comida através do comandante do quarto. Ao passar por tantas mãos leves, muita comida era perdida. A porção de gordura a princípio determinada para pesar vinte gramas — destinada basicamente para nos manter vivos — encolheu para um tamanho microscópico.

O *Lagerälteste* Max, o velhaco parisiense, era insuportavelmente atrevido e violento. A principal atração dos *Apells*: espancamentos brutais. Os guardas da ss, os homens da Todt, os inspetores civis e os líderes dos *Häftlings*, por puro prazer, competiam para ver quem conseguia nos atormentar mais. Um delírio febril e irreal com aparência de normalidade permeava a vida nos quartéis que cresciam rapidamente.

Maurer não era uma pessoa que se deixava abalar facilmente. Os quilos que trouxera de casa tinham desaparecido; o homem corpulento e pesado se tornara uma sombra de si mesmo. Desanimado, declarou:

— Retiro tudo que eu disse. Realmente não dá para aguentar isso por quatro meses.

No total, até então, só dois meses haviam se passado. O calendário indicava verão, mas o clima — como se fosse cúmplice do extermínio em massa — não queria de jeito nenhum melhorar de forma consistente. As nuvens se moviam incansavelmente no céu da Silésia, chovia sem parar, a geada continuava a pairar nas madrugadas exasperantes.

Estamos ficando permanente e irremediavelmente imundos. A barra de sabão arenosa que recebemos na chegada há muito acabou, as roupas de baixo, em farrapos, grudam em nossos trapos de mendigo de cores irreconhecíveis. As solas dos tamancos de madeira se soltaram e chapinhamos o dia inteiro na lama que tudo cobre, com os pés machucados e os dedos descobertos.

Consequência lógica, junto com a sujeira aparece o piolho. Em nossos trapos e cobertores se destacam as colônias de larvas prateadas, do tamanho da palma da mão. E essas manchas prateadas, em questão de horas, como as maravilhas confusas de um sonho febril, começam a se mover e depois a pulular, e a se espalhar, a infestar de forma terrível e indelével. Simplesmente acabou o mínimo de repouso que tínhamos à noite. As horas destinadas ao descanso são preenchidas com maldições e coceiras torturantes. Arriscando a levar uma bastonada dos capatazes, ou talvez o fuzil do sentinela, também durante o dia, a toda hora, temos que largar nossas ferramentas para podermos nos coçar raivosamente.

O falso médico de expressão impassível se apresentou como o médico-chefe do campo. Entre os recém-chegados, existem muitos médicos de verdade e alguns conseguem uma posição dentro de sua profissão. Um dos chefões convenceu Max de que um campo tão grande não poderia existir sem uma *Krankenstube* — uma enfermaria. O *Lagerälteste* interveio e, finalmente, reservaram cerca de vinte beliches para os moribundos, os infelizes castigados semimortos. Parte de nossos novos médicos trabalha como sanitarista no paraíso da *Krankenstube*. É claro que não há remédios, bandagens nem instrumentos, e uma intervenção médica eficaz é inimaginável. Só podem entrar ali aqueles cujo fim é visível. Ninguém sai curado da *Krankenstube*, que começa a se destacar como uma verdadeira funerária. Evitamos até chegar perto. Por enquanto, felizmente, não ocorreram surtos de tifo exantemático. Parece que durante a primavera e o verão os piolhos não são tão infecciosos.

Agora é a *Krankenstube* que está despejando os mortos. Mas também nos locais de trabalho, diariamente um *Häftling* cai morto. Equipes especiais de trabalhadores vão empilhando os corpos em um enorme poço escavado fora do campo, coberto de cal. Primeiro, o médico-chefe polonês, com um alicate, arranca os dentes de ouro dos cadáveres. Depois de cobrar como pedágio uma boa parte do ouro reunido, e compartilhar o saque com o *Lagerälteste*, ele "fornece" o restante ao comandante do campo. Dessa forma, ambas as partes obtêm uma boa renda paralela. A propósito, o método é praticamente o mesmo em todos os campos.

Passaram-se apenas dois meses, e as filas já estão rareando assustadoramente. Dentre os conhecidos, Freund, dono da loja de aviamentos de Nápić, foi o primeiro a ir embora. O homem com problemas intestinais se esvaiu numa agonia terrível. Kende, contador otimista careca, foi na sequência. Ainda no dia anterior ele tinha dado uma palestra de meia hora sobre sua filhinha adorada. Falou sobre o que e como aconteceria assim que eles se vissem novamente. Bokor, de Újvidék, chegou no poço de cal assustadoramente inchado. E dezenas e mais dezenas de pessoas, que eu conhecia apenas de passagem. Nos últimos dias de junho, a morte faz uma colheita recorde. Parece que trazer para o trabalho forçado uma mão de obra que não está acostumada com o esforço físico, homens que cresceram em diferentes tipos de ambientes profissionais, não é um negócio muito lucrativo para os alemães.

Aqui, a força muscular decide. Nos locais de trabalho, os guardas da ss andam às escuras. Conversar com os escravizados é estritamente proibido. A supervisão da obra é, na verdade, tarefa realizada pelo capataz civil da empresa. A área de influência do guarda e a do *Meister* são nitidamente separadas. O trabalho do sentinela é garantir que o *Häftling* não escape enquanto estiver trabalhando do lado de fora do arame farpado. Mas há entre eles alguns que, por diligência pessoal ou tédio, também participam da pressão. Em sua maioria os guardas são jovens. É uma ideia amarga pensar que a situação dos nazistas ainda esteja tão boa que eles podem passar sem esse material humano jovem nas frentes de batalha.

Os sentinelas mudam o tempo inteiro, todos os dias um guarda diferente é designado para cada local de trabalho. Eles tomam muito cuidado para garantir que entre guardas e detentos nem mesmo o mais superficial contato ou relacionamento possa surgir.

Em vão procuramos sinais de simpatia ou compaixão no rosto de nossos vigias. Em geral, esses homens, sejam eles militares ou civis, obviamente nem tentam entender quem de fato são esses infelizes atormentados, famintos, esfarrapados, arrastados para longe de casa.

Tenho para mim que o nazista médio que tenha tido algum contato conosco imaginava estar diante de presidiários comuns, e que cada judeu tinha nas costas pelo menos um assassinato Talvez eles tenham sido convencidos disso. Só para simplificar as coisas.

Lembro-me de uma única exceção, Herman, um soldado raso da ss e barman de Breslau. Herman era um sujeito assustadoramente magro, com cara de pera. Não nos encarava com aquele ódio feroz, como os outros. Meu Deus... ele era barman... Talvez um barman não consiga odiar, mesmo que esteja enfiado num uniforme da ss. Trabalhei várias vezes em setores em que estávamos aos cuidados de Herman. Ele sempre falava com algum de nós e, como o semeador da Bíblia, deixava cair um ou outro cigarro aceso a nossos pés. Também fui agraciado com seu presente. Até hoje consigo me lembrar da felicidade que senti surgir em mim quando peguei o cigarro e olhei para aquele rosto enfeitado por um sorriso de cumplicidade. Um cigarro inteiro, bem polpudo... Suficiente para enrolar até seis cigarros finos, a magia caseira produzida pela nicotina multiplicada seis vezes...

Pensei muitas vezes em Herman, o barman de Breslau, nos anos seguintes. Ele se tornou um ponto seguro e reconfortante em minha memória em meio à grande catástrofe.

Esse Herman era nosso guarda também no dia em que o Maneta apareceu. Um terror absoluto tomou conta tanto dos escravizados quanto dos capatazes. Os grupos repassaram as notícias alarmantes uns aos outros. O Maneta estava lá!

Através dos veteranos, que já haviam testemunhado algumas de suas visitas de inspeção, rapidamente descobrimos quem ele era. Maneta é o inspetor-chefe dos campos da região de Gross--Rosen. É um capitão da ss que, devido a um ferimento que sofreu na linha de frente de batalha, mantém metade de um braço amarrada. Em sua última visita, atirou em duas pessoas e com seu chicote provocou vários cortes em praticamente todos diante de quem passou. Dez ou doze pobres coitados por acaso atraíram sua atenção. Ele os derrubou no chão e ficou pisoteando suas tripas por alguns minutos. Sobrou até para os guardas da ss. Maneta encontrou falhas em tudo e mandou muita gente para a solitária.

Isso aconteceu há três meses, antes de chegarmos. Agora ele está aqui de novo.

— *Oy weh!** — lamentam os poloneses por todo o campo. O resto de nós aguardava os acontecimentos. Naquele dia eu estava trabalhando nos esgotos, a cerca de duzentos metros do campo. Jogava na caçamba a terra amarela e pedregosa que saía de um poço profundo, que primeiro tinha que ser pulverizado com uma picareta. Era um trabalho pesado, mas nem nesse dia Herman me decepcionou. Deixou cair seu presente em meu buraco, dessa vez um pequeno pacote de tabaco ucraniano, conhecido como *mahorka*.**

Um cigarro fumegava em minha boca, e talvez por isso eu tenha aceitado menos horrorizado as histórias sobre Maneta. Tomei todo aquele alvoroço como histeria. Afinal, o que mais poderia acontecer? De qualquer forma, a qualquer hora, de qualquer dia, somos considerados fora da lei, sob a mira dos assassinos.

Mas, afinal, os antigos estavam realmente certos. Maneta trouxe outra coisa. Em vez do inferno cinzento de todos os dias, um drama de ostentação cafona.

---

* "Oh, céus!", em iídiche.
** Nicotiana rustica, uma variedade potente de tabaco, com alta concentração de nicotina.

Ele veio num carro militar. Seu braço esquerdo está envolto numa bandagem branca, apoiado numa tipoia de seda preta. Por baixo do quepe militar da morte, um crânio de professor. Entre os lábios retos e estreitos, um cigarro em brasa. Um par de óculos de aros dourados finos, sobre um nariz alongado.

Capitão da ss, com muitas condecorações. Assassino, *made in Germany*. Tem diploma universitário e talvez toque Bach no piano razoavelmente bem.

Desembarca junto com o comandante do campo e dois oficiais desconhecidos. Nosso carrasco de todos os dias se curva à sombra do poder superior. Nas mãos de um dos oficiais, uma Leica reluzente. Ele fotografa o local. Herman apresenta seu relatório. Maneta, o déspota de centenas de milhares de pessoas, de todo um distrito de campos, caminha devagar, com ar indiferente, entre nós.

Agora ninguém mais levanta o olhar. Refugiamo-nos no esforço físico. Agarramos a picareta com tanta força que chega a dar câimbra, a terra cai nas caçambas com barulho seco, aqueles que empurram as caçambas jogam a força do corpo inteiro contra elas. Os pequenos vagões passam esguichando pelos trilhos estreitos e vacilantes.

— *Kápó!* — Maneta chama.

De nosso grupo, a maioria veio de Ungvár e da região de Munkács, onde também fazia trabalho braçal. Carregadores, lenhadores, empilhadores. Trabalham bem; nem sabem fazer um trabalho ruim. A ferramenta os conduz.

O próprio *kápó*, que é desse mesmo tipo, se apresenta, pálido. Como prescrito, tira o boné de prisioneiro, o *Schmützen*.* Seu corpo inteiro treme, mas ele faz posição de sentido.

---

* Corruptela do alemão *"sich mützen"*, descobrir-se, tirar o chapéu em sinal de reverência.

— Como vai o trabalho, *kápó*?

Maneta soa quase amigável. Não levanta a voz, de jeito nenhum. Nem soa mandão. O homem alto e magrela, com um braço amarrado, olha altivo para o escravo. No *kápó* de cassetete, a calça listrada rota está caindo, de tão larga. Agora nós também erguemos o olhar.

— Informo humildemente que o trabalho está progredindo bem.

Ele fala alemão com um forte sotaque iídiche. Maneta acena, em sinal de aprovação.

— *Schön.** Quem é seu melhor homem?

— 46 514! — grita o *kápó* sem hesitar.

Indiscutivelmente, 46 514 é o melhor homem do grupo. Em sua cidade natal ele trabalhava com desmatamento. Tem 27 anos. No rosto redondo e bronzeado de camponês, nada lembra a origem judaica. Não é de forma alguma parecido conosco, uma gente letrada com poucos recursos. É uma versão que os próprios judeus mal conhecem. Na região dos Cárpatos, é o grupo social mais saudável dentro da comunidade judaica. Faz seu trabalho pelo próprio trabalho. Dá gosto de ver quando ele agarra a ferramenta.

O 46 514 é um *Häftling* premiado. E o prêmio é um reconhecimento grande e raro. Os premiados recebem um voucher no valor de dois marcos por semana, que pode ser trocado por geleia extra e por *mahorka*.

Ele pula para fora do buraco, tira o boné.

Maneta dá uma olhada para ele, mas não pergunta nada. Dá um passo para o lado. Preguiçosamente enfia a mão no coldre, tira o revólver e encosta o cano na têmpora de 46 514. Estrondo. O homem perfilado cambaleia e cai de cara de volta no buraco.

Ouve-se o barulho surdo do corpo inerte caindo. O oficial

---

* "Muito bem", em alemão.

com a Leica põe sua máquina no bolso, Maneta sorri baixinho, divertindo-se.

— Uma pequena demonstração — diz. — Uma ilustração de que até o melhor judeu deve *morrer.**

*Giccs.*** O horror é sempre *giccs*. Mesmo quando é real.

Maneta guarda o revólver e entra no carro com sua comitiva. A quinze passos de nós, os lábios gelados de 46 514 tocam a terra amaldiçoada e enlouquecida.

O carro se afasta e o *Meister* dá ordens com sua voz habitual.

— *Los!... Bewegung!...*

A picareta se move, as caçambas sacodem.

É 6 de junho de 1944, o dia do desembarque dos Aliados na França.

---

* No original, *dögölni*, termo húngaro usado para a morte de criaturas más, asquerosas, ignóbeis.

** Corruptela do alemão *kitsch*.

10.

O início da invasão ocidental trouxe um novo regime para Eule, ainda mais desumano. A pressão aumentou, quatro quintos dos moradores do campo já trabalhavam nos túneis. A construtora Baugesellschaft encerrou suas operações e a possibilidade de um trabalho em melhores condições desapareceu. Seu pessoal foi absorvido pela Urban e pela Kemna. Na região do campo zumbiam bombardeiros e helicópteros alemães.

Muitos quartéis estavam prontos. Nós nos tornamos uma cidade rural, de tamanho médio, de Auschwitz. Aqui também ruas se formaram, surgiu a praça do mercado, o cemitério, a latrina pública, o cadafalso — os focos centrais das cidades da morte. A cozinha estava pronta, mas não funcionava porque a entrega dos víveres necessários ainda estava atrasada. A cada dia a comida que os caminhões traziam era pior. A porção de um quarto de pão foi reduzida a um quinto. O preço do tabaco disparou. Ninguém tinha mais nada para fumar. Os gregos, esses salafrários, usurpavam a ração de um dia inteiro em troca de um único *mahorka*, que queimava em segundos. O sistema de prêmios acabou e, com ele, se extinguiu a principal fonte de aquisição. Na estação ferroviária, também já não encontrávamos mais prisioneiros de guerra ingleses, que, junto com seus cordiais "alôs", às vezes deixavam cair um ou outro Caporal. Ao que parece, tinham sido mandados embora de nossa região.

O *culág* foi reduzido, a sopa de leite e a batata com molho, os dois "pratos" festivos, desapareceram de nosso menu. Em vez deles, com mais frequência distribuíam casca de batata fervida em água; uma "comida" que um animal teria rejeitado, com nojo.

Andávamos desidratados, emaciados até os ossos, cheios de furúnculos dolorosos. Era com indiferença que ficávamos a par das notícias de morte cada vez mais frequentes. Chegamos a tal ponto que começamos a nos ocupar com planos de fuga, embora o bom senso tornasse inimaginável que, em tais condições e com aquelas roupas, conseguíssemos alcançar ao menos quinhentos metros além do arame farpado.

O jovem grego de dezesseis anos que, numa noite, de alguma forma conseguiu se contorcer através da cerca de arame farpado foi capturado ao amanhecer, num entroncamento de tubulação localizada a cerca de 150 metros de distância. Não foi em nosso campo que eles terminaram com o garoto. Lidaram com ele de modo exemplar. Nas costas de sua jaqueta de *Häftling* foi pintada em letras vermelhas a palavra *flüchtling* — fugitivo. Então ele foi trancado numa cela de cimento sem janelas, por três dias; não lhe deram nada para comer nem beber. No quarto dia, dois guardas da ss, com metralhadoras, o acompanharam até Gross-Rosen, o quartel-general do distrito. Não poderia haver dúvida alguma sobre o destino dele.

Nada disso me assustou. Mesmo os mais sensatos foram tomados por algum desespero suicida. Acho que não havia cem prisioneiros perfeitamente sãos entre nós naqueles dias.

Foi quando Feldmann, um ex-oficial do Exército da Tchecoslováquia, se apresentou. Seu quartel se transformou em nosso ponto de encontro secreto depois dos *Apells*. O homem grisalho, de porte militar, se preservava com uma força inacreditável. Exalava uma força vital indestrutível. Talvez fosse o *Häftling* em melhor condição física entre todos os 3 mil. Alcançara uma posição secundária na hierarquia, tornando-se *kápó* de cassetete em um dos departamentos de túneis.

Quando Maurer me introduziu no grupo, mais de cem pessoas já se reuniam no quartel de Feldmann diariamente. As reuniões tiveram um efeito salutar sobre os homens desanimados. Acima de tudo, o outrora oficial de estado-maior avaliava habilmente as notícias do front trazidas pelo pequeno Bolgár ou por Pál Weisz. Improvisava mapas e fazia palestras sobre pessoas que se apossam de seus destinos e trabalhadores que conquistam seus direitos. Isso nos deu um vislumbre da vida que talvez ainda poderia vir a ser nossa, digna do esforço perseverante de um coração energizado, mesmo que exaurido.

Não eram discursos altamente politizados, caracterizados por posicionamentos, análises; estávamos abatidos demais para debater, havíamos nos tornado muito instintivos, acima de tudo dominados por desejos animalescos e primitivos: comer, se estirar, descansar, fumar... Tenho certeza de que a grande maioria de nós já nem pensava muito mais na família.

As reuniões de Feldmann em nada se assemelhavam, nem poderiam, às atividades organizadas de grupos dos campos de prisioneiros de guerra ou à construção consciente e objetiva do futuro. Os presos em campos de prisioneiros de guerra, comparados a nós, deveriam ser turistas despreocupados.

Por mais rudimentar e disparatado que fosse em seu efeito, pelo menos em seu efeito momentâneo, isso representou um bálsamo. Vázsonyi, Maurer, Gleiwitz, Grosz, Bolgár, Weisz, eu mesmo e todos aqueles que ainda estavam em seu juízo razoavelmente perfeito nos pronunciávamos ou ouvíamos as palavras, apoiados nos beliches do covil escuro. A língua nessas reuniões era o húngaro, mas traduzíamos o que era dito para o polonês e — em consideração aos poucos ocidentais — às vezes para o alemão.

Uma noite, Feldmann passou a ser mais específico. Apresentou uma proposta formal.

— A maioria de nós — disse — entende que, como consequência da invasão, o curso dos eventos se acelerará. Neste momento, sobretudo nas nossas circunstâncias, é impossível prever com que intensidade essa aceleração irá ocorrer e de que maneira se concretizará. Uma coisa é certa: uma possível reviravolta repentina não deverá nos pegar desprevenidos. E só há uma maneira de fazer isso: nos unirmos.

Explicou o plano, com detalhes. Os participantes originais se juntariam em grupos de dez. Os grupos agitariam os demais. Cada membro de cada grupo organizaria outro grupo de trinta. Os gregos não seriam incluídos. Se houvesse sinais inequívocos de aproximação de exércitos libertadores, a um sinal dado tentaríamos nos rebelar. Contra duzentos guardas da ss — é verdade que estávamos desarmados e fracos — éramos cerca de 3 mil. Todos saberiam que era uma questão de sobrevivência e a vontade determinada multiplicaria as forças. As primeiras armas teriam que ser obtidas em ataques de surpresa, derrubando os guardas que ficavam em postos individuais.

Era uma ideia desesperada, mas realmente não havia outra opção. Isso se apresentava como a única prevenção possível contra a suposta tentativa dos nazistas de destruir o campo, junto com seus prisioneiros, em caso de perigo.

Todos nós aceitamos o plano. No entanto, isso foi o fim de todo esforço rudimentar. Mas a execução em si, o início da agitação, nunca pôde ser posta em prática, porque três dias depois dois terços do campo foram mandados embora e de pronto colocados na estrada. Com isso, as reuniões de Feldmann foram naturalmente por água abaixo e o plano de fuga deu em nada.

Por uma estranha coincidência, a grande notícia se tornou pública no *Apell* da noite que se seguiu à reunião organizacional.

Depois de tratar dos assuntos da pauta, o que significou a surra cruel dos que receberam reclamações, Max, junto com o secretário, se posicionou no meio do grupo.

— Vou ler números — anunciou. — Quem ouvir o seu não fará fila em sua divisão amanhã de manhã, mas ficará numa coluna separada.

O medo tomou conta dos homens. Então, o que significava aquilo? Não gostávamos da diferenciação, tínhamos medo de todo tipo de "brincadeira de mau gosto".

Demorou duas horas para que os números fossem lidos. O toque de recolher soou e Max ainda rugia, inabalável. Quase 2 mil pessoas foram chamadas. Eu estava bem no começo da lista. "Devo ficar feliz ou com medo?", pensei. A única coisa que logo ficou clara foi que iríamos partir dali. Achei que eu não poderia ir para um lugar muito pior — e quão tragicamente me equivoquei. No pior dos casos, Birkenau, a floresta de chaminés fumegantes. E isso, pensando bem, talvez nem fosse uma solução tão deplorável.

Ao meio-dia do dia seguinte, com uma ração de pão para dois dias, partimos a pé. Por incrível que parecesse, o próprio Max, o temido deus do campo, estava entre nós. Nosso odiado *Älteste* fora vítima de um golpe de Estado. Os autores intelectuais do golpe eram Weisz, o *kápó* da Urban, e Michel, o astuto secretário. Tinham sido eles que compilaram a lista de forma bastante aleatória. Nesse ínterim, conseguiram denunciar Max para o comandante. Convenceram o açougueiro a liberá-lo também.

Ironia infernal — para o inferno.

Max lê os números em voz bem alta. De repente, topa com o dele próprio. Este também tem que ser gritado, não há escapatória. E o dono do bordel em Paris, assassino e renegado, num piscar de olhos é rebaixado a um *Häftling* comum. Mas não exatamente. O comandante do campo demonstrou misericórdia, nomeando o carrasco desgraçado para ser *kápó* da tropa que partia.

Para onde? É isso que ocupa a mente de todos que estão partindo. A ração de pão para dois dias indicava uma marcha longa, e o grande número de guardas da ss e homens da Todt que nos acompanhavam também não era um sinal encorajador.

De fato, o que se seguiu foi uma longa marcha, como tantas outras desde que estamos aqui nesta terra amaldiçoada. Caminhamos descalços, pois os tamancos de madeira de Auschwitz foram para o lixo há muito tempo. Os bem conservados caminhos asfaltados não aliviavam muito a tortura dos pés ensanguentados e doloridos. A porção dupla de pão foi, evidentemente, consumida por todos no ato da distribuição. Um *Häftling* faminto nunca consegue disciplinar seus músculos de mastigação para racionar as porções.

Dessa vez — para o escravizado, uma desgraça nunca vem sozinha —, o sol também resolveu dar as caras. Queimava para valer, temperava nossos trapos com pó e suor, e os piolhos também trabalhavam impiedosamente.

De novo passamos por campos de concentração; deixamos para trás vilarejos desertos. Na primeira vez que paramos, numa ruazinha íngreme, a noite já estava caindo. Uma cidade tranquila, numa colina. Marchamos em grupos até um prédio que, ficamos sabendo, era o balneário local. Novamente tivemos que jogar nossas roupas num monte. Ficamos sob chuveiros enquanto nossos trapos eram esterilizados. Quando nos expulsaram do paraíso de água quente, é claro, ninguém conseguiu encontrar seus trapos entre as peças semelhantes jogadas na pilha. Tive que lutar com raiva por cada peça. Depois da briga de cotovelos, eu estava mais esfarrapado do que nunca. Até então, havia tentado ao menos manter íntegras minha camisa e minha cueca, mas no lugar delas agora só tenho restos de trapos.

Foi assim que chegamos à nova parada na noite seguinte: em Fürstenstein, diante do arame farpado de um campo de trabalhos forçados de Hitler identificado com o número III.

PARTE II

11.

Cercado por um magnífico parque de 2 mil acres, um enorme castelo contempla em silêncio, como se tudo compreendesse, seis longas fileiras de tendas redondas verdes, torres de observação com metralhadoras, a linha emaranhada da cerca de arame farpado e outras características dos campos de extermínio. Fürstenstein é a sede da antiga família real alemã, a dinastia Fürstenstein-Pless. Vê-se que o campo foi construído aqui por causa do imponente castelo de três andares com 450 quartos. Uma obra-prima da arquitetura medieval, como indica a inscrição em mármore na fachada do portão principal, sua ala residencial central foi restaurada no final do século XIX, mas o lado externo foi mantido em sua forma original. Torres poligonais construídas em pedra bruta e muralhas de bastião, cravejadas de vigias, preservam a atmosfera da Idade Média. Decerto não a Idade Média que os lunáticos de Hitler impuseram aos anos 40 do século XX. Provavelmente muito mais humana do que essa aqui. Naquela Idade Média, em que cavalheiros e damas eram contemplados por essas pedras, ainda existiam servos, mas escravizados — pelo menos na Europa — não existiam mais.

Dizem que o atual descendente vivo da família Fürstenstein--Pless se casou com uma inglesa e emigrou para Londres para fugir de Hitler. Deve estar lá ainda hoje. Mas o maravilhoso edifício foi condenado à morte pela estratégia hitlerista. Centenas de salas repletas de afrescos de valor inestimável, tesouros artísticos e objetos decorativos foram destruídos em questão de dias. Legiões de trabalhadores alemães e ucranianos, assim como milhares de deportados judeus, se ocuparam incessantemente da devastação. Paredes foram quebradas, os anjos maravilhados das pinturas das paredes foram reduzidos a pó, as altivas torres do bastião desabaram sob o ferro das picaretas.

No parque gigantesco, começaram a drenar o lago artificial, e faixas inteiras de floresta foram derrubadas. Os gramados sedosos e bem cuidados foram rasgados por ramais ferroviários enferrujados, e as passarelas de cascalho ficaram intransitáveis devido a um emaranhado de fossos e valas.

Sob a construção antiga, havia quartos subterrâneos espaçosos. Verdadeiros sistemas de catacumbas foram expandidos ainda mais, com muitos quilômetros de comprimento e profundidade.

Não há dúvida de que uma intricada cidade subterrânea estava sendo construída. Então, a versão amplamente difundida de que estávamos no coração da grande linha de defesa, e que o castelo, junto com as partes a ele pertencentes, estava sendo reconstruído para servir de quartel-general de Hitler, em caso de retirada, parecia bem plausível. E na cidade das cavernas, fábricas de armas cruciais estariam sendo instaladas.

Dois mil de nós se destinavam a complementar o já respeitável exército de trabalhadores dali.

Então não é gás. Vida de escravidão. Ininterrupta. Faço essa constatação sem nenhuma satisfação em especial. Não fico entusiasmado com mais uma sequência de dias que nada prometem e nada entregam. Uma marcha forçada de dois dias, faminto, sedento e esfarrapado, é um intervalo de tempo considerável para a gente passar a acalentar a ideia da morte iminente.

Nossa primeira impressão também não é promissora. O campo de concentração é muito maior do que Eule; atingiu a capacidade de 4 mil prisioneiros antes de nossa chegada, e, assim, conforto é um termo desconhecido neste lugar. Afundar novamente no fedor insuportável dos *Zelts* não é uma perspectiva rósea em si, mas, quando vejo a primeira tenda de Fürstenstein, Eule começa a aparecer nas cores de um éden perdido.

Nas tendas originalmente projetadas para 24 pessoas, com nossa chegada eles enfiam quarenta, até mesmo cinquenta. Existem poucos *Zelts* vazios. Nós, recém-chegados, aparecemos como convidados não muito bem-vindos na vida de nossos companheiros de infortúnio.

Vou para o 28, o *Zelt* mais famoso. Seus ocupantes estão em isolamento. Aqui vivem criminosos comuns — claro que também são judeus — que foram trazidos da penitenciária de Sopronkőhid para Auschwitz. Tenho muito azar nesse arranjo. É o pior dos acasos cair na companhia de quarenta vilões, cínicos, gatunos da pior espécie.

Presidiários condenados a longos anos por assassinato, roubo e extorsão. Não há nem mesmo um criminoso intelectual no 28. O restinho de humanidade que tinham já foi ressecado pelos anos na prisão. Não é preciso ir muito longe para imaginar como eles poderiam ser selvagens aqui, e com que boa vontade recebem os recém-chegados, que os obrigam a se amontoar ainda mais, que ocupam alguns centímetros do pequeno espaço que lhes cabia.

O comandante do quarto é Sanyi Róth, facínora sabidamente reincidente. É um arrombador em série e da última vez foi condenado a quatro anos por roubos. Ele estava cumprindo pena quando começou a ocupação alemã.

Seus camaradas são a rejeição estrondosa mais recente à vociferante teoria nazista sobre a singularidade da raça judaica. Não há judeidade neles, são delinquentes irremediáveis.

Na noite de nossa chegada já me encontro no 28. Além de mim, apenas o pequeno Bólgar se encontra nessa *Markó*.* No campo de concentração, é por esse apelido que fazem referência ao local de minha futura existência.

Sanyi Róth me mede de alto a baixo, com expressão de nojo:

— Quem diabos largou vocês aqui?

O pequeno Bolgár responde, sem desconfiar de nada:

— Acho que foi o *Lagerälteste*. A julgar pela sua braçadeira, deve ter sido ele.

— Que ele se foda junto com vocês! Nos *Zelts* dos cavalheiros, aquele porco não deve ter distribuído novos charutos. Apesar de lá morarem 24.

— Camaradas de infortúnio, abram espaço no alojamento! — digo.

O *Zelt* explode na maior zombaria:

— Vossas excelências desejam se recolher para seu merecido repouso? Ainda por cima deitados? Sentados, não, nem pensar.

Examinamos o lugar. Inegavelmente, a coisa é irreal. É inimaginável pensar que eles consigam abrir espaço para mais dez de nós nesse buraco.

Por sorte, nesse momento entra o vice-*Lagerälteste*, uma figura atarracada e gritona. Supervisiona o lugar dos novos. Acontece um milagre. Rosnando, mas obedientes, os antigos moradores do 28 recolhem seus trecos. Percebe-se que eles têm medo do

---

* Famosa prisão em Budapeste, que fica na rua Markó.

homem carrancudo que grita com aquela voz de quem está domando alguém.

De alguma forma, estendemos nossos cobertores. Nem agora recebemos comida, porque chegamos "abastecidos" para dois dias. Os outros a estão recebendo agora. Os *Häftlings* do 28 pegam no ar o pão atirado na direção deles. Nas profundezas da tenda, determinados, quatro homens brigam, rangendo os dentes. Cada quatro recebem um pão, e os que estão brigando não conseguem chegar a um acordo, apesar da medição cuidadosa. A discussão, prestes a se transformar numa luta corporal, continua acirrada sobre quem deve ficar com as pontas do pão, mais grossas.

Sem sequer olhar para eles, Róth intervém de forma decisiva e contundente, até que haja silêncio. Um dos contendores se levanta, a testa sangrando, olhar animalesco, se atira como um bruto sobre o pedaço de pão. Agarra-o avidamente. Devora-o.

Esfrego meus olhos, que ardem, tenebrosos. Mesmo depois de Eule, esses são padrões novos. Onde vim parar? Encontro os olhos lacrimejantes do pequeno Bolgár.

Todos no *Zelt* mastigam ruidosamente, bebem fazendo barulho e berram. Gemendo, eles chafurdam na forragem, como se estivessem participando de um ato sexual. Róth pega uma lamparina suja e a coloca com cuidado na prateleira de tábua pregada em volta das camas. Um desagradável e raquítico feixe de luz faz uma varredura. Cenário digno de uma peça de Gorki.

Nosso capitão de alojamento mastiga ruidosamente uma couve-rábano. Dá risada:

— Consegui arranjar três, de dois quilos cada.

Estende a mão até a tábua e da mala de madeira tira seu tesouro.

— Onde? — perguntam.

— Atrás da cozinha. Trouxeram ontem. Também chegou margarina, repolho e beterraba. O pessoal da cozinha está se empanturrando até não poder mais.

Olhares invejosos, mas reverentes, acompanham a jornada da couve-rábano até a boca aberta de Sanyi Róth.

— Você esteve lá fora?

— *Paccer*.* Trabalho no campo há dois dias. Lavamos caldeirões. Tarefa fácil.

— Seu sortudo — comenta seu vizinho, com um apreço quase gentil.

— Porra nenhuma — vangloria-se Róth. — Se eu fosse, agora teria um quarto de pacote de margarina. Hoje, meu camarada, entrei com dois caldeirões na primeira cozinha. Ninguém por perto. A comida lá na mesa. Eu, idiota, hesito, como sabão fedorento. Lá vem o *kápó* da batata e me dá um chute no traseiro. Se o diabo tivesse entrado um momento depois, o miserável... xiii...

— Quantas porções tem num pacote de um quarto?

— No mínimo vinte.

Todos do *Zelt* 28 se põem a pensar. Dedos mindinhos fazem cócegas na imaginação voltada para as imagens gastronômicas. Vinte porções de margarina...

Aqui não há futurologia miraculosa como em Eule. Os comentários do pequeno Bolgár sobre o campo de batalha despertariam pouco interesse. O nível de animalização desse lugar fica num grau mais profundo. O *Zelt* 28 já não sonha com a libertação.

Por enquanto, eles mal notam nossa presença. Descaradamente, meu vizinho se esparrama a meu lado. Mal consigo respirar, mas no momento ainda não acho conveniente protestar. Os eventos do campo são discutidos, nomes desconhecidos são mencionados, eventos desconhecidos geram comoção. Falam xingando sobre o túnel, o turno da noite, contam os mortos.

Róth finalmente nos vê:

— Vocês têm cigarro?

---

* Corruptela do alemão *Patzer*, que significa "pateta".

— Eles têm piolho — responde um dos mais antigos.

Róth diz, áspero:

— Perguntei pra você, Jaksi?

Jaksi, um garotão com o rosto cheio de espinhas, está de cócoras. O comandante do quarto agora fala diretamente comigo:

— De onde vocês estão vindo?

— De Eule.

— Onde fica isso?

— Não sei. A marcha levou dois dias.

— Que cidades vocês atravessaram?

— Só consegui ver o nome de Waldenburg.

— Como era o campo?

— Horrível.

— Um terço ou um quarto de pão?

— Um quarto.

— Recebiam *culág*?

— De vez em quando.

— Trabalho? Tratamento?

— Degradante.

O grandalhão grisalho de meia-idade agora diz, mais baixo:

— Bem, aqui também vocês vão ver coisas.

Vimos. Vimos logo no dia seguinte. No *Apell* da madrugada, a atmosfera é ainda mais desesperadora do que em Eule. Na lama até os tornozelos, breu absoluto, vamos tropeçando entre os *Zelts* em direção ao portão. É onde as filas são formadas.

Os *Ältestes* e os *kápós* correm para todos os lados. Seu meio de comunicação e persuasão — o cassetete de borracha — distribui argumentos indistintamente. As pessoas aqui — se é que isso é possível — estão ainda mais esfarrapadas do que nós. Mas pode ser que seja só impressão minha. As profusas sombras andando de lá para cá, e se coçando nas tendas, revelam que neste lugar não faltam piolhos.

Em seus grupos, os *kápós* vão empurrando as pessoas. Em frente ao *Zelt* número 1, a residência comum dos *Lagerältests* e dos secretários, os poderosos do campo, de braços cruzados, observam a confusão. As palavras de comando crepitam em alemão e húngaro:

— *Hegerfeld, antreten!**
— *Lagerarbeiter zu mir!***
— Sänger und Lanninger! Sänger und Lanninger!
— Trabalhadores da Pischl, em fila!
— Pessoal da Kemna! Pessoal da Kemna! Primeira rua!
— Aqueles que chegaram ontem! Os novos! Aqui, comigo!

Em meio a um tumulto frenético, formam-se colunas prontas para marchar.

Fazemos fila em separado. Dois *Häftlings* do grupo dos chefões vêm vindo em nossa direção. Um homem gordo na casa dos quarenta ou cinquenta anos, com um grande cassetete, e um jovem careca, cuidadosamente barbeado. O primeiro é o *Lagerälteste* e o outro, o secretário. Os *kápós* dão a ordem:

— *Achtung! Schmützen ab!****

Bonés saem voando das cabeças diante dos dois escravizados lavados e com roupas limpas. Em Fürstenstein, devemos nos perfilar não apenas para os alemães, mas também para os comandantes de campo judeus.

Berkovits, o primeiro *Lagerälteste* de Fürstenstein, brandindo seu cassetete parece ainda mais aterrorizante que Max, de Eule, que, por sua vez, agora está pulando na nossa frente com ares de líder dos recém-chegados. Fica gritando, organiza, faz cara de chefão. Perdido por perdido, está tentando levar vantagem

---

* "Hegerfeld, em fila!", em alemão.
** "Trabalhadores do campo, aproximem-se!", em alemão.
*** "Atenção! Tirar o chapéu!", em alemão.

numa posição medíocre. Ninguém o conhece e ele não conhece ninguém.

Forçando uma atitude imparcial, ele se apresenta a Berkovits e afeta naturalidade:

— Permita-me, prezado colega. Sou o *Lagerälteste* Max.

Sem hesitar, Berkovits dá uma cacetada na mão estendida para ele. Max solta um grito de dor, dá um passo para trás, perplexo. Um murmúrio de risadas abafadas surge em nosso grupo, embora não estejamos realmente com vontade de rir. Estamos testemunhando um exemplo clássico de nêmese.

— Há apenas dois *Ältestes* aqui. E quem não quiser entender isso vai ter a lição que merece. *Verstand?**

Max se humilha. Tenta salvar o que for possível.

— Mas em Eule fui nomeado *kápó* do grupo que chegava.

— Quer ser *kápó*... sobre isso talvez possamos falar. Vamos ver.

Berkovits vem das planícies. Uma figura obscura, parece que era comerciante. Devido a uma falência fraudulenta, ficou preso por um longo tempo. Ele é o exemplo das leis aplicadas no universo dos campos. Tira muito proveito de seu poder. Dizem que junto com Röhmer, o secretário tcheco, que por sinal é engenheiro, ele manipula totalmente o poder do campo.

É esse Röhmer que agora se posiciona diante de nós. Nas mãos, uma lista. Fala em alemão. Lê nossos números e nos distribui entre os grupos já formados. Ficarei com o pessoal da Sänger und Lanninger. Entro numa fila longa. O sujeito a meu lado, todo encurvado, uma aparência pálida, murmura:

— Bem, nessa você se ferrou.

— Por quê?

— Você sabe o que é essa Sänger und Lanninger?

— Não.

---

* "Entendido?", em alemão.

— O túnel mais maldito. Você vai ver.

— Você aguenta?

— Pior que a Sänger und Lanninger, só a Kemna — diz, no lugar da resposta, com convicção profunda. — E o inferno. Você é de Budapeste?

— Bácska.

— Fui pego em Budapeste. Eles me tiraram da linha 44 na estação Keleti. Meu nome era Farkas. Dr. Farkas.

Também lhe digo meu antigo nome. Desde que estou aqui, é a primeira vez. Apertamos as mãos.

O dr. Farkas, médico de Budapeste, me apresenta Fürstenstein até chegarmos ao local de trabalho, a quatro quilômetros de distância. Ele fala sobre a Sänger und Lanninger e seus escravizados. Essa empresa constrói um mundo subterrâneo nas cavernas. Um trabalho forçado, esmagador de corpos e destruidor de espíritos. Durante 24 horas, em dois turnos, ininterruptamente acontecem as atividades de explosão, perfuração e retirada de pedras. Você ensurdece com o barulho. As obras são dirigidas por técnicos italianos. Da região de Badoglio.* Prisioneiros de guerra e presidiários; caíram nas garras dos alemães depois da queda de Mussolini. Parece que o italiano é o melhor trabalhador de túneis.

A Sänger und Lanninger é uma empresa privada. Sua sede pode estar em Berlim ou em Düsseldorf. Em Fürstenstein, mantém uma grande filial. Trabalha para o Estado e paga dividendos significativos para seus acionistas. Aqui, por outro lado, todos os dias, de vinte a trinta párias *gebed bele*** no negócio gerador de lucro. A antiga Companhia das Índias Orientais ou os fazendeiros

---

* Pietro Badoglio, primeiro-ministro do governo provisório após a deposição de Mussolini.

** Expressão húngara que faz referência, em linguagem grosseira, a uma morte miserável.

do Ceilão se interessavam mais pelo destino dos escravizados que trabalhavam em suas plantações do que os acionistas da Sänger und Lanninger se interessam pelo nosso. Mas nós nem somos propriedade desses financiadores e empresários, certamente muito respeitados. Nosso eventual sumiço não significa o menor prejuízo financeiro para eles. Menos ainda para o Estado. Há suficiente material para reposição.

O diretor-chefe da empresa aqui é o engenheiro-chefe. Alemão típico; o suor lhe escorre devido à raiva do trabalho e ao ódio. O sucesso e o lucro são igualmente importantes para ele. Motivado por esse duplo ideal, ele pressiona. Faz uso de um método eficaz. Em seu chapéu de caça verde emplumado e seu casaco de caça justo, mal talhado, ele parece uma caricatura da *Fliegende Blätter*.* O terror que exala cria uma atmosfera de pavor semelhante à criada por Maneta.

Não, Chapéu Verde não mata com as próprias mãos. Afinal, essa tarefa não faz parte das atribuições de um engenheiro-chefe com salário fixo. Ele nem ao menos dá chicotadas. Em vez disso, prepara uma lista. Faz anotações. Percorre incansavelmente as galerias, em meio ao rugido frenético das furadeiras, chega despercebido por trás do *Häftling*:

— Quero vosso número! — diz educadamente ao escravizado que talvez tenha parado nesse instante para espirrar.

Sim, dirige-se às pessoas usando a segunda pessoa do plural. Faz uma anotação e segue em frente, sem uma palavra. Os números registrados, no entanto, são enviados ao comandante do campo, para serem lidos no *Apell*. Às vezes Chapéu Verde entrega de vinte a trinta vítimas.

Sou trabalhador no túnel. Ao longo de toda a extensão das colinas ao redor do castelo se estende todo um sistema de caver-

---

* Revista alemã de humor e sátira.

nas. A parte da montanha rica em quartzo tem dez entradas de mina. No ventre da montanha há longos, cada vez mais longos corredores, que se alargam em espaços menores ou maiores, salões e espaços realmente amplos. As cavernas são interconectadas por passagens transversais.

O trabalho no túnel é árduo. Isso eu já sabia anteriormente. O trabalhador que lida com pedras assassinas no subsolo é bem pago e tratado com atenção especial em todo o mundo. O princípio básico aqui é exatamente o oposto disso.

Lanternas balançando, lâmpadas sujas presas a dentes salientes nas rochas mal aliviam a escuridão opressiva. As cavidades são perfuradas na rocha com um som estridente, pedaços de pedra de várias toneladas despencam, o teto desaba. O eco, como um megafone, amplifica o rugido dos vagonetes abarrotados de pedaços de pedra.

A umidade é sentida nos ossos, em todos os lugares. Transpira das pedras; o solo lamacento sob nossos pés também exala umidade.

Em alguns lugares já estão concretando, em outros carregam sacos para alimentar os estômagos insaciáveis das betoneiras. Arrastam vigas, em andaimes de vários andares, cujas sombras balançam. É a primeira vez que trabalho num túnel. Em Eule eu tinha conseguido escapar, mas agora, ao que parece, estou irrevogavelmente na coisa.

O *kápó* faz um funil com as palmas das mãos:

— Você vai carregar brocas. *Los!*

— Sorte no meio da desgraça — comenta Farkas a meu lado, como quem diz "amém". — Certifique-se de permanecer nessa função!

Não faço ideia do que sejam essas brocas, mas não acho aconselhável fazer perguntas. Felizmente, Farkas me esclarece antes de sair correndo com o vagonete carregado.

Brocas são barras de ferro mais longas ou mais curtas, em forma de cinzéis em ambas as extremidades. Esses cinzéis, movidos a energia elétrica, escavam a parede de rocha, camada por camada, depois que ela foi previamente afrouxada por detonação. As brocas só podem ser usadas por alguns minutos, pois as pontas se desgastam rapidamente. Na serralheria, os cinzéis são reaquecidos e os chanfrados, refeitos.

De andaime em andaime, aos tropeções, vou recolhendo as brocas usadas. Às vezes os italianos quase me acertam a cabeça com elas. Pego quatro ou cinco no ombro e saio para a luz do sol. Subo cerca de cinquenta metros pela colina até a serralheria. O guarda ss fica observando atrás de mim. Lá em cima, agarro as brocas que estão prontas e volto. Meu dia de labuta transcorre assim, sem parar.

Sem dúvida, não é um trabalho de toupeira como carregar pedras nos túneis, mas nem por isso é uma brincadeira de criança. Porém, não consigo manter essa posição privilegiada por muito tempo. Depois de alguns dias, eles me rebaixam e, a partir daí, por meses, estarei no exército de párias que trabalham com pedras.

É claro que não há nem sinal de equipamento de segurança nos locais de trabalho. Avalanches de pedras são frequentes, e é raro passar um dia sem que um ou dois *Häftlings*, esmagados até a morte, não sejam retirados de um dos túneis.

Uma cena já familiar. Capatazes e escravizados nem olham mais para os cadáveres. Atropelamentos são comuns. Caminhões cheios de areia, cimento, tijolos, entulho e vigas entram um após o outro, amontoando-se na estreita área cercada por montanhas de areia e de pedra. Com frequência *Häftlings* são tirados de debaixo das rodas. Nenhum registro de ocorrência ou investigação é realizado. Atropelar um *Häftling* não traz a menor consequência, como se o motorista apenas atropelasse um cachorro ou um ganso.

Também existem vítimas que vão parar embaixo das rodas não exatamente sem querer. Por que não? Dificilmente haveria maneira mais rápida e simples de cometer suicídio.

Os cinza e os *Schachtmeisters** italianos, que falam pouco, em compensação usam muito seus cassetetes, gostam das cenas sanguinárias. Às vezes até fazem piada:

— E aí, judeus, não vai ter suicídio hoje? Quero ver um cadáver.

Nessas ocasiões, chegam mesmo a ajudar o candidato hesitante com um empurrão imperceptível. Por pura diversão.

Nas casamatas de Fürstenstein eu também estou lentamente ficando infestado de piolhos. No sentido literal. O efeito do banho e da desinfecção cessa no primeiro dia; os antigos estão muito mais infectados do que nós. Em geral, tudo aqui é um ou dois graus pior do que em Eule. A manutenção, o trabalho, a saúde, a hierarquia. Esta última é muito mais complicada. Com relação à cozinha, aqui também se desenvolveu a casta privilegiada dos trabalhadores desse setor; dois *Lagerältestes* em vez de um, *Lagerkápós* são os deuses dos trabalhadores locais, secretários…

A maioria daqueles que eram médicos em sua vida antiga aqui exercem um exaustivo trabalho forçado comum. Apenas alguns conseguiram entrar em contato com os líderes por conta de conexões pessoais. Seu chefe, Katz, o médico do campo, que em sua cidade natal aparentemente era dentista, nos recebe com o seguinte discursinho:

— Ouçam, companheiros de infortúnio! Eu seria o médico do campo. Não sou má pessoa, mas, só para deixar bem claro, devo dizer que não existe doente aqui. Quem ainda estiver se mexendo tem que entrar na fila. Mesmo que não consiga se aguentar de pé. Não há nenhum doente aqui, nenhum remédio aqui, ao

---

* "Contramestre", em alemão.

contrário, aqui temos Bulldog, o sanitarista da ss, que me dá uma surra de cassetete se encontrar mais de dez pessoas doentes na enfermaria. E esses dez só podem ser moribundos inconscientes, com no máximo duas horas de vida. Alguém tem tabaco?

No momento não temos tabaco. É uma pena, porque, como se viu mais tarde, com sua ajuda seria possível fazer acordos confidenciais com aquele louco pela nicotina.

A propósito, dentre os 6 mil homens deste campo, o sargento apelidado de Bulldog tolera que apenas entre dez e quinze pessoas "enfermas" se isentem do trabalho diário. É claro que o nazista não tem o mínimo conhecimento de medicina, mas ele mesmo "examina" cada pessoa internada. Se achar que o doente não está doente o bastante ou que o diagnóstico do dr. Katz não é convincente o bastante, ele espanca o médico e chuta o paciente para fora com uns tapas bem convincentes. O infeliz então tenta desesperadamente se juntar ao departamento de trabalho mais próximo, porque ai daquele que for encontrado sem uma tarefa, na área do campo, durante o horário de expediente. É morte certa. O comandante passa o dia inteiro farejando do lado de dentro da cerca e, se pega alguém vadiando, não espera o *Apell* da noite. No próprio local, chuta e espanca o infeliz de tal forma que o coitado raramente chega a ver o sol raiar no dia seguinte.

Essa é a situação na questão da "saúde". Com relação à comida, a coisa não é muito diferente, ainda que exista uma cozinha enorme em funcionamento. A chamada sopa grossa, que significa um pouco mais de cenouras ou cascas de batata em água morna, aqui é desconhecida por completo. Raramente recebemos sopa de leite, e mesmo quando há é sem açúcar. Jantares esporádicos de batata são taxados com um pedágio pesado pelos muitos intermediários, desde o *Lagerälteste* até Sanyi Róth, que faz a distribuição no 28. O cardápio de domingo é composto de quatro a cinco batatas podres e mal cozidas.

Então há a maldição especial do campo: o mercado clandestino. Depois do *Apell* da noite, apesar de todo o nosso cansaço, o campo se transforma numa colmeia zumbindo. Homens cansados ficam se empurrando no "mercado" em frente ao portão. Vendem e compram. O quê? A ração de pão do fumante é trocada por alguns gramas de *mahorka* ruim ou um cigarro. Pedaços enlameados de cenoura, fatias de beterraba forrageira, cebola, beterraba, repolho, batata e até tomate são oferecidos aos berros. Vendem-se tranqueiras que servem de lenço, de suspensórios, barbantes, jornais sujos para enrolar cigarros, facas caseiras e primitivas, colheres feitas de latas, até mesmo latas vazias. Todos são itens inúteis, mas têm valor de troca. As mercadorias colocadas no mercado são obviamente roubadas. Os vendedores vêm de locais de trabalho mais afortunados. Os poucos privilegiados da fazenda agrícola da Todt, artesãos que trabalham em oficinas, pessoas da Pischl que trabalham no interior do castelo. Entre os que trabalham nos locais externos também há muitos intermediários que trocam pão por fumo dos ucranianos e repassam os cigarros, dentro do campo, com lucro exorbitante. Negociantes conseguem seus dois Uman todos os dias. O Uman é um cigarro ucraniano, sem filtro e bastante grosso. Dá para enrolar vários cigarros finos a partir dele, por isso é muito valorizado, independentemente do fato de seu tabaco ser tóxico a ponto de arranhar a garganta.

Uman...

Esse nome traz à tona memórias nebulosas. O objeto de nossos desejos, o cigarro horrível, leva o nome da cidade ucraniana onde, em meados do século XVIII — pelos padrões da época —, também ocorreu um violento massacre de judeus. Vinte mil judeus foram decapitados lá por volta de 1760.

O outro cigarro em circulação no campo também é fabricado em Kiev. Não tem marca. É apelidado de Tokos (coldre) por causa de sua longa piteira, que cobre dois terços dele todo. Um Uman é equivalente a três Tokos no câmbio paralelo.

Também existem "negociações" feitas em *mahorka*, esse pó de tabaco inodoro e de combustão rápida, além do rapé húngaro. A moeda: pão, sopa, batata, margarina e o resto do *culág*. No caso de uma oferta maior, dá para trocar utensílios domésticos disponíveis por coisas para fumar. É claro que os *Häftlings* não compram apenas tabaco. De qualquer forma, essas coisas só às vezes têm disponibilidade suficiente para chegar ao mercado. Os trabalhadores da horta vendem beterraba, couve-rábano, repolho e cenoura em troca de pão e sopa.

Somos vítimas de ilusão de ótica. Com dificuldade resistimos ao feitiço de enormes cabeças de repolho de dois ou três quilos. Podemos mandar para dentro três quilos dele em troca de meia porção de pão — em geral é assim que pensamos. É claro que desse cálculo foi esquecido o fator mais importante: o valor nutricional.

Nossa rápida deterioração é, sem dúvida, acelerada pelo mercado clandestino do campo. Os vendedores de repolho, de beterraba e os não fumantes frequentemente intercambiam porções de pão equivalentes a cinco ou seis vidas e, assim, consomem muito mais que seus camaradas de infortúnio. As calorias estão quase exclusivamente contidas nos *culág*, e na maioria das vezes são eles que migram para os mais abastados, como valores de troca.

Esse escambo insano e histérico é uma maldição pesada. Junto de nossos mil tormentos, é o 1001º. Os ansiosos por fumar são impiedosamente explorados pelos que possuem tabaco. Estes de vez em quando formam cartéis e aumentam os preços. Às vezes exigem uma porção inteira de pão em troca de uma pitada de *mahorka*.

Pouco antes das nove da noite, a multidão do mercado se dispersa e começa o tráfego privado. Quem não conseguiu vender ou comprar no mercado agora tenta vender de *Zelt* em *Zelt*. As portas das tendas se abrem a cada minuto. Homens emaciados e ossudos que mal conseguem ficar de pé sobre as pernas doloridas e inchadas caminham incansavelmente. Falam em três ou quatro idiomas:

— Troco margarina por tabaco!

— Repolho por pão!

— Compro *mahorka* por uma toalha de trapo!

— Troco batatas por Tokos!

— Quem tem um *mahorka*?

— Sopa de *kápó*, sopa grossa de *kápó*!

— *Schöne Suppe, schöne Suppe!**

O vendedor exalta descaradamente seu produto. Os interessados se levantam e mergulham suas colheres de ferro enferrujadas na "sopa grossa de repolho". Estão avaliando quanto material sólido ela contém. Então começa a desesperada barganha. Aqueles que não entendem a língua uns dos outros se comunicam por sinais. Aquele que tem pão faz nele uma marca com a unha. Mostra o quanto está disposto a vender. O vendedor de sopa indica uma porção alguns milímetros maior. Comprador e vendedor gritam em sua língua materna, voam maldições.

Os espectadores, a se coçar, sérios e pensativos, observam a batalha. Eles também mergulham suas colheres na sopa cobiçada; elogiam, xingam, fazem apostas.

A coisa toda é um toma lá dá cá agonizante. Em algum momento da vida eles trataram seus cães com uma comida melhor, esses que agora, sem o mínimo autocontrole e desejo reduzido a pó, já não querem nada além de menos piolhos, menos espancamentos e mais lavagem de porcos.

---

* "Sopa gostosa, sopa gostosa!", em alemão.

Isso também é resultado da barbárie científica experimental. Centenas de milhares alquebrados, forçados a ficar de quatro, já não tentam derrotar o lado animalesco dentro de si.

12.

A situação no 28 é insuportável. Parece que Sanyi Róth me odeia. Ele me dá, e sempre para mim, o *culág* mais irrisório, sou eu que fico com o menor pão. Meu espaço de dormir é sempre surrupiado, literalmente. Posso me dar por satisfeito se conseguir me espremer entre corpos fedidos e, com as coxas apertadas, passar as noites meio agachado, meio deitado. Em duas ocasiões roubaram meu pão, embora eu só o tenha deixado na prateleira acima de mim o tempo suficiente para engolir a sopa. É impossível provar que fui roubado. Os bandidos fazem isso com uma esperteza diabólica. O produto do roubo é repartido e devorado em segundos. A reação deles ao protesto é uma indignação magistralmente orquestrada.

O pobre do pequeno Bolgár também não está em situação melhor. Num descuido momentâneo, sua camisa e sua cueca, deixadas para secar no alto do *Zelt* 28, desapareceram. Quando fez barulho, revoltado, já era tarde demais. Os amigos de Róth já as tinham "aliviado" fazia tempo, e talvez até vendido. O povo do 28 se aproveitou da situação; ficaram revoltados por três dias.

Trataram o rapaz muito mal. Sua roupa de baixo estava em condições relativamente boas. Um resquício dos tempos de Eule, quando ele ainda trabalhava para a Todt. Era compreensível que tivesse guardado seu tesouro lá em cima, para protegê-lo. Nem os chefes podiam se orgulhar de suas roupas de baixo. O pequeno Bolgár dedicava horas de seu único domingo livre do mês a catar piolhos e lavar seus trapos, que ficava horas remendando. Ele tinha até conseguido agulha e incansavelmente exterminava as larvas de piolho que se enfiavam nas dobras.

Foi um golpe duro. Depois disso o pequeno Bolgár teve dificuldade para se erguer novamente. Algo tinha que ser feito, não podia continuar daquele jeito. À noite, dirijo-me a Róth:

— Posso falar com você, camarada de infortúnio?

— O que você quer?

— Por que vocês ficam aprontando comigo e com o pequeno Bolgár? Nós também gostaríamos de viver. Voltar para casa, se possível. O que vocês querem de nós?

— Quem chamou você aqui se não gosta? — disse, dando de ombros.

— Você sabe que não nos enfiamos aqui, entre vocês, por nossa própria vontade. Se vocês não abrirem espaço para dormirmos, se pegarem nossa comida e nossos trapos, nós vamos morrer. Não existe nenhum senso de camaradagem em vocês? Já houve tempos em que havia coração entre os membros dos bandos. Honra entre bandidos. Eu sei porque houve época em que eu era repórter forense.

O olhar maltratado de Róth se ilumina:

— Com os diabos, você é jornalista? Eu pensei que era algum estúpido *privát*.*

---

* Referência a um detetive particular que, antes de 1945, na Hungria, também fazia serviço para a polícia.

— Era jornalista. E Bolgár era estudante universitário. Seus pais são muito ricos. Um dia ele pode até ficar agradecido...

— Não dou a mínima para agradecimentos — retruca, franzindo a testa. — Sanyi Róth nunca precisou de gratidão. Por acaso você sabe quem foi Sanyi Róth no mundo do crime? Desde os tempos de Medvegy Vili* até hoje não nasceu ninguém que me superasse.

Por dentro, fico exultante. "Sem querer, toquei no ponto fraco do ladrão. Agora ele vai querer me convencer. Sanyi Róth está no papo. Parece que me enganei, pelo jeito há um coração aqui, talvez mais até do que entre os sujeitos certinhos. Ele é apenas casca-grossa. Vamos lá, raspar essa casca grossa!", penso. Na malícia, me mostro curioso.

— Como você foi pego, se era tão bom? Que eu saiba, você veio de Sopronkőhid.

— *Paccer*, você não acha que eles vão me derrubar assim, *mirnix-dirnix*?** Meu receptador caiu e o porco me dedurou. Fiz quarenta e sete *srenk*,*** meu camarada, nem sequer um fio do meu cabelo saiu do lugar. Eu ia a corridas de cavalos em Viena de vagão-leito.

Sua linguagem se modifica. Ele amolece.

— Por que você não disse que era jornalista? Depois vou te contar umas histórias.

— Vai ser bom — respondo. — E daqui para a frente vocês vão nos deixar em paz.

— Não se preocupe. Vou falar com os rapazes.

---

* Famoso rei dos ladrões húngaro.

** Corruptela da expressão alemã *"mir nichts, dir nichts"*, que significa "sem mais nem menos".

*** Gíria húngara para assalto.

Com uma faca que ele mesmo fez, corta uma bela fatia de couve-rábano, que mastiga o tempo todo.

— Pega. Vai ter mais. Estou de plantão no setor de vegetais da Todt. Posso trazer. Depois, durante as noites, podemos bater papo.

Entendi o significado simbólico do presente. A partir de agora o pequeno Bolgár e eu podemos ficar tranquilos.

Nossa conversa tem um efeito maravilhoso e imediato. Misi, tísico de rosto branco como farinha, que é um vigarista batedor de carteiras, afasta seu cobertor e abre espaço sem ser solicitado. Finalmente posso esticar o corpo. Jaksi, o garoto servil e puxa-saco, começa a se dirigir a mim como "senhor editor" e me oferece serragem. Todos os seus parceiros param com a tortura. O chefe dos ladrões é uma autoridade absoluta no *Zelt*. Mas não é somente por ser o vigarista-mor que ele é respeitado pelos gatunos menores. À sua maneira, Róth também é considerado um chefão. Ele não ocupa um cargo, por assim dizer, mas sempre tem alguma coisa. Com uma habilidade ímpar, alcança as melhores posições e raramente retorna à noite sem "*szajré*".*

Sob as asas protetoras do comandante da tenda, a posição de Bolgár também se estabiliza. Ele nasceu em berço de ouro, agora a sorte está acenando de novo. De alguma forma o baixinho conseguiu se insinuar junto do secretário-chefe, que é engenheiro. Ele obtém a promessa de que aqui também vão encaixá-lo no escritório da Todt.

Dentro das paredes do *Zelt*, a amargura diminui. Mas apenas dentro do *Zelt*. O túnel está me matando e o clima também se tornou nosso carrasco. Chove sem parar. É raro fazer meia hora de sol, como se fosse dezembro. O comandante do campo também se apresenta. Dá início a suas refinadas crueldades. Um assassino de uniforme cinza que saiu de uma linha de montagem em série,

* "Pilhagem", em húngaro.

tal como seu colega de Euele, mas esse é mais criativo na invenção de torturas. Sargento da ss. Não põem um oficial cinza, de patente mais alta, num posto como esse, o senhor pleno sobre a vida e morte de 5 mil a 6 mil homens. Camponês desajeitado, com idade entre trinta e 35 anos. Sua diversão favorita é fazer o *Apell* debaixo de chuva. O clima lhe serve de excelente cúmplice.

Apell debaixo de chuva...

Mais doloroso que o chicote, mais assassino que a bala.

As filas noturnas, sobretudo se estiver chovendo torrencialmente, duram horas. Nosso sargento torturador nos mantém de pé embaixo do aguaceiro por até duzentos minutos. Durante esse tempo, ele está no escritório do comando limpando as unhas ou lendo o *Völkischer Beobachter** enquanto fuma seu cachimbo. Uma tortura de fome premeditada, uma agonia devastadora. Encharcados e com frio, famintos, infestados de piolhos, enegrecidos devido ao pó das construções. Depois de ficar treze horas por dia tropeçando na água e na lama. São onze da noite quando chegamos nos *Zelts* sem aquecimento e podemos arrancar e torcer nossas roupas encharcadas e enlameadas. E então, na madrugada do dia seguinte, tremendo de frio e maldizendo a situação, nos enfiamos de novo em nossos trapos encharcados. É alguma surpresa que, depois de tantos *Apells* criativos, a pneumonia aguda esteja na ordem do dia?

E revela-se uma versão aperfeiçoada da Inquisição, se tudo isso acontece no domingo de descanso. Nesse caso, ficamos tomando chuva durante metade do dia.

O comandante tem fantasias, e encontra nos *Lagerältestes* e sua equipe de comando executores dispostos a pôr suas ideias em prática. A aristocracia não fica em fila conosco. Eles podem se

---

* Jornal do Partido Nazista.

esconder em seus *Zelts*, apenas às vezes percorrem as fileiras para fiscalizar as colunas de cinco homens.

Com isso, a questão dos piolhos, no sentido físico da palavra, está queimando. Em nossos cobertores se veem animadas colônias de larvas prateadas. A defesa é impossível; desde que chegamos não vimos sabão ou pó para piolho, mas toda semana barbeiros ocasionais, principalmente gregos, usam tesouras sujas e cegas para cortar, com precisão, em nossos crânios cobertos com uma espessa camada de sujeira, a faixa de prisioneiro. Eles cuidam disso, e só disso, muito bem.

O verme repugnante pôs fim à relativa calmaria das noites. Todo mundo passa as noites se coçando em agonia, revirando-se sem parar no fedor do 28. Há mais espaço, porém: no início de setembro já temos cinco mortos.

Uma epidemia de diarreia irrompe no campo. Praticamente todo mundo pega a doença. Sem dúvida ficar em casa é impossível. Enquanto durarem os estoques, o dr. Katz e seus assistentes dispensam os enfermos com duas pastilhas de carvão mineral e um encorajamento incerto.

Diante de nossos olhos, anéis de fogo dançam diabolicamente. Num transe de impotência ficamos tropicando no local de trabalho. A cada dois minutos nos agachamos; eliminamos pus. Os ataques se sucedem com tal rapidez que os pobres doentes se borram todos umas vinte vezes por dia. Fazemos experimentos com "remédios". Dissolvemos pedaços de madeira queimada na água infectada, carbonizamos cascas de batata. Os cozinheiros fazem grandes negócios com as vendas extras de punhados de pó de café.

No final há gente que se curou, há gente que morreu. Depois de quinze dias de sofrimento, acabo me recuperando. Dificilmente estou com mais de quarenta quilos. Meu rosto emaciado está coberto com uma barba de um mês, meus ossos sobressaem, meus joelhos estão pontudos. Não dá para chegar perto de um espelho, mas seria completamente desnecessário. Estamos juntos todos os dias, mesmo assim podemos notar com facilidade as mudanças assustadoras uns nos outros.

E, para piorar as coisas, surge um novo horror.

De repente, de maneira nada natural, os rostos alongados incham. Fluido não processado se acumula sob a pele; no rosto, estômago, nos braços, pernas, em todos os lugares. Parecemos inflados. Meus joelhos e coxas estão inchados. Cada movimento me causa uma dor excruciante.

Nossos médicos não dão a mínima.

Edema de fome. O coração e os rins não conseguem mais lidar com a grande quantidade de líquido. Não podem mais processar tudo isso. Mesmo assim somos obrigados a ir para a fila.

E nas madrugadas, esqueletos inchados se colocam em fila para o *Apell*. O remédio seria simples: comida mais nutritiva, menos água morna à guisa de sopa e descanso, descanso, descanso... Mas tudo isso é impensável. Na verdade, todos os movimentos são um risco mortal para um coração sobrecarregado. A mortandade diária está tomando proporções inimagináveis. No trabalho, os cadáveres são simplesmente arrastados para o lado e o trabalho forçado continua. Os corpos ficam ali por dias, até que finalmente sejam jogados em uma vala com cal.

Nossos guardas da ss começam a refletir: se isso continuar, vai faltar mão de obra. Solicitar novas remessas é uma questão complicada nos dias de hoje. Levantará suspeitas nas empresas. A Sänger und Lanninger distribui semanalmente 250 gramas de carne de cavalo para seus homens. Mas isso adianta muito pouco.

Olhamos com espanto os rostos estranhos uns dos outros. A morte abre suas asas sobre a amaldiçoada cidade de tendas. Os cinza tomam providências. Como de costume, não cuidam do problema onde deveriam: melhorar nossa alimentação. Em vez disso, inventam um código de aparência. Talvez de acordo com o relatório do comandante do campo, aparecem os chamados esquadrões de fumigação, que começam a desinfetar os *Zelts*. Uma ação ridiculamente inútil. É óbvio que não é possível destruir piolhos com as primitivas ferramentas de desinfeção dos *Häftlings*. De qualquer forma, esse não é o maior problema do momento.

Na equipe de desinfetadores está János Vázsonyi. Algumas semanas depois de nós, ele também foi transferido de Eule, em outro transporte. Está a alguns quilômetros de nós, no campo 6.

Traz uma notícia chocante. Béla Maurer morreu em Eule. Viro-me para o lado, lágrimas afloram. Tornou-se um cadáver abandonado numa fossa: faço uma silenciosa oração aos mortos para o corpo imobilizado daquele homem que era puro coração, que amava rir e viver.

"No final das contas", penso, "você acabou se enganando, Béla. Avaliou mal a situação. Como era mesmo que você costumava dizer? Todo homem tem uma reserva de quatro meses de energia. Mas depois de quatro meses, com certeza matemática, será seu fim. Em que mês estamos agora, Béla? Que eu saiba, outubro. Já se passaram seis meses, a libertação está atrasada, cada vez mais atrasada. A reserva você estimou bem, aguentou cerca de quatro meses. Você não vai mais escrever o livro, meu amigo Béla, mas tem razão. Pode-se morrer disso, mas escrevê-lo, não. Tentamos e fomos humilhados... Os vivos invejam seus mortos. Tenho inveja de você, Béla, meu bom e bem-humorado amigo. Veja a que ponto eles prostituíram nossos valores. Feliz está você, meu companheiro de infortúnio, que já se livrou da limitação dos sentidos, Deus esteja com você, até mais ver..."

Sem perceber, pronunciei essas últimas palavras em um meio-tom audível. Estamos parados no pátio, olhar fixo no chão, desamparados. O céu não interessa mais, olhamos para a terra, a maldita terra teutônica, na qual o corpo mirrado de Béla Maurer está se transformando em pó. Ao nosso redor, as tendas reverberam com as lamentações e as maldições, à nossa frente, atrás de nós, como uma desesperança concentrada, o arame farpado tensionado ao máximo. É outubro, Béla Maurer morreu, e para nós...

— Para nós também já não resta muito — Vázsonyi responde baixinho ao não dito.

Seu rosto também está anormalmente inchado, mas ele parece mais equilibrado e calmo. Não pergunto quantas vezes ele tentou suicídio desde então. Não pergunto o quanto sobrou de sua lucidez movida a nicotina.

Ele conta sobre Eule. Claro que aquele plano inventado por Feldmann foi interrompido logo depois que nosso grande contingente foi embora. Depois, com frequência outros grupos foram deixando o lugar; parece que na seção de Eule as construções estão em fase de conclusão.

Peço notícias sobre a frente de batalha. Aqui se vive no vácuo. À parte notícias incertas passadas por muitas mãos, nada sabemos.

— Lá não há nada de errado — diz ele. — O desembarque está progredindo bem, os acontecimentos estão se acelerando. No lado oriental, os soviéticos tomam iniciativas em muitos locais. Os blindados de Hitler estão recuando de forma desordenada. O Exército Vermelho está às portas da Prússia Oriental. Os romenos tiraram o corpo fora. O cerco a Budapeste está em andamento. Os *nyilasok** estão fazendo as malas.

Pega uma folha de jornal rasgada. Parte da primeira página do *Waldenburger Zeitung*. O título ocupa três colunas: WACHSENDER DRUCK DER FEIND GEGEN BUDAPEST.**

---

* Membros do Partido da Cruz Flechada, extremistas antissemitas húngaros, responsáveis por enviar dezenas de milhares de judeus e ciganos para os campos de trabalhos forçados nazistas.
** "Pressão crescente do inimigo contra Budapeste", em alemão.

— Talvez, quem sabe — balbucio.

Mas olhamos para os rostos inchados um do outro, sem acreditar muito nisso.

Com cuidado, ele guarda o pedaço de jornal. Diz, significativamente:

— Serve de papel para cigarro, se um dia eu conseguir chegar perto de tabaco. No campo só temos sacos grossos de cimento. Fora isso, não sinto uma baforada há três semanas. Vejo que aqui é mais fácil.

Por acaso tenho um quarto de pacote de tabaco para cachimbo. Comprei de um italiano em troca da porção extra de carne de cavalo da Sänger und Lanninger. O rosto de Vázsonyi se ilumina. Com muito cuidado colocamos o tesouro no papel jornal. WACHSENDER DRUCK DER FEIND... — é nessas palavras que o enrolamos.

Olhamos um para o outro através de uma janela de fumaça. Talvez não seja tão impossível, afinal... Iremos para casa. Compraremos fumo na tabacaria. De pacote. Tanto quanto tivermos vontade...

Muito, muito tempo depois, após a libertação, no dia 12 de setembro de 1945, li em um jornal diário de Budapeste: "János Vázsonyi morreu ontem, num hospital na Alemanha".

13.

O grande evento em nosso campo: roupas de inverno. Caminhões carregados com vestuário estão chegando. As coisas são levadas para um local separado, sob a supervisão pessoal do *Lagerälteste*. Nossos oficiais passam o dia se ocupando da classificação, da seleção, e principalmente garantindo as melhores peças para si e seus protegidos.

Peças de trajes civis, refugos dos pertences dos deportados. A melhor parte foi transportada para o Reich, há muito tempo. Tanto o front como o Winterhilfe* precisam de coisas quentes e, afinal de contas — em tempos de guerra não somos exigentes —, que mal há se o pulôver ou o casaco de pele foi tirado de alguém em Birkenau? Todas as peças cuidadosamente salpicadas com manchas

---

* Winterhilfswerk des Deutschen Volkes (Assistência de Inverno do Povo Alemão): organização do Partido Nazista que exigia que o povo alemão oferecesse uma doação anual para financiar obras de caridade, que na verdade acabavam indo para rearmamento.

de tinta vermelha e amarela. Quando viemos para Auschwitz de trem, já vimos isso.

Estou ansioso para trocar de roupa. Está mais do que na hora de jogar fora meus trapos infestados de piolhos.

Amarga decepção. Não tenho contatos e, por isso, tudo que consigo é um cafetã, com abotoamento para a esquerda. É largo e ao mesmo tempo fino, não ajuda muito. Não consigo uma calça.

Enfio-o sobre minha roupa velha e tento me convencer de que estou com menos frio.

No final de outubro o outono irrompe, de acordo com a estação. Cada dia estou em piores condições. Nem percebo os olhos marejados de Sanyi Róth. No decorrer das semanas, fica claro que ele é na verdade um bom sujeito e, sobretudo, muito vaidoso. Coisas do ofício. Por gratidão à devotada paciência com que ouço seus relatos da antiga glória de assaltante, à sua maneira ele irá, definitiva e permanentemente, me proteger. Ele me fornece beterraba e repolho com regularidade, embora não trabalhe mais na horta da Todt. Nessas ocasiões, chega a me dar uma bituca de cigarro. Tudo isso é importante, uma boa ação verdadeira. O ladrão invariavelmente se reinventa. Come duas vezes mais que os outros, sempre se junta a um novo departamento e costuma "aliviar" algum gênero alimentício ou algo de valor que possa ser trocado por comida.

— Se continuar assim, em duas semanas você estará liquidado — ele constata, não tolerando contradições e sem muito tato. — Por que não tenta sair da Sänger?

— Como?

— Ei, meu filho, isso eles não ensinam na escola. Você mesmo tem que descobrir.

Nas duas últimas semanas minha situação piorou, pois acabei indo para o turno da noite. Trabalhamos sem parar das oito da noite às seis da manhã. Esse é o turno mais difícil e odiado. Seus *kápós* são ainda mais sanguinários, os mestres e os operários italianos são ainda mais selvagens. Nas noites infindáveis, a cada instante a morte nos ameaça com a queda de pedras. O barulho das brocas é ensurdecedor, meu joelho inchado reage a cada movimento com uma dor insuportável.

Os *Nachtschichts** dormem de dia. Nesse período apenas os trabalhadores do campo, os *Ältestes*, o secretário, os oficiais e o comandante briguento permanecem no campo, que de resto fica bastante deserto. Como consequência do aviso ameaçador de Sanyi Róth, decido que vou me aventurar a ir até o secretário e pedir que interceda.

"Vamos tentar." Aproximo-me e — pensar nisso já é grotesco — começo por me apresentar. Não com o número, mas com meu nome. Essa coisa trazida de fora, é uma antiga constatação minha, que define o tom da primeira conversa com uma pessoa desconhecida. Se eu me apresentar, pode ser que involuntariamente ele me diga seu nome. Inconscientemente adotará o mesmo estilo. Uma apresentação não costuma ser seguida de chutes.

De qualquer maneira, o primeiro secretário não parece ser a pior pessoa. Certa vez o vi tomando sopa de leite no banco em frente a seu *Zelt*. Um pequeno grupo de *Häftlings* famintos observava a ação, naturalmente a partir de uma distância respeitosa. O secretário — talvez tenha pressentido o apelo silencioso — acenou ao acaso para um deles e, sem dizer palavra, derramou o resto da sopa em sua lata.

— Com licença, sr. Engenheiro, desculpe o incômodo — eu sei que ele foi engenheiro em algum lugar da Tchecoslováquia —, um pedido vital...

Assim começo quando ele diz seu nome. O que, de qualquer forma, todo o campo sabe e teme.

---

* Os que trabalham no turno da noite.

O homem que não se separa de seu cassetete de borracha por nada neste mundo, e que é rude nos comandos que dá, olha para mim, paralisado pela estranheza da situação.

— Pois não — diz. Mostro minha perna inchada e peço que me transfira para outro grupo. Se eu tiver que continuar no túnel, será meu fim.

— Qual é seu número?

— 33 031.

Anota. No *Apell* da manhã seguinte eles já me chamam.

O resultado é rápido, consigo deixar o túnel. Sou designado para a Pischl, que está reformando o próprio castelo. Desde então, as atividades mudam com frequência. Um dia tenho que jogar areia numa correia transportadora, carrego cascalho ou alimento uma betoneira. No dia seguinte tenho que servir de carregador em meio a uma floresta de barras de ferro, até romper um tendão. Junto com meus companheiros, empurro vagonetes carregados até o topo com torrões de terra, esses japoneses desgraçadamente pesados.

Nosso *kápó* da empresa é Max, outrora *Lagerälteste* em Eule. Conseguiu chegar até aqui por meio de suas artimanhas, e agora, no crepúsculo da glória aparente, está tentando afirmar sua dignidade abalada.

De qualquer forma, é uma grande vantagem estar trabalhando do lado de cima do solo. O que cai sobre mim é o céu, não rochas. Bebo a luz da claridade, devoro o sol, mesmo que sua luz seja mesquinha. Uma grande força de vontade surge dentro de mim: quero viver, voltar a viver… Determinado, faço uma promessa: não comprarei mais tabaco em troca de alimento. Quero viver, quero ir para casa… Vingar-me como um *amok*,* para responsabilizar aqueles que me arrastaram até aqui e fazer justiça.

---

* "Corredor louco, desenfreado", em malaio.

Passo a ser engenhoso. Esse desejo raivoso de viver provoca a transformação. Começo a fazer pequenos negócios. Entro sorrateiramente no castelo, onde são admitidos apenas os mais privilegiados para trabalhos internos. Começo a fazer pequenos roubos. Apanho tudo o que possa ser trocado e escondo debaixo de meu cafetã folgado. Escovas de sapato velhas, restos de sacolas, papéis, latas, tudo que no campo possa ter valor de troca. Eles compram fio elétrico para usar como cinto, um pedaço de trapo como proteção para os pés. Uma vez consegui "aliviar" vários pacotes de algodão. Entre as pessoas sangrando com milhares de feridas, isso representa um verdadeiro tesouro, e vendo com excelente valorização.

Os pequenos furtos, é claro, envolvem risco de morte. Se eu for pego, não sobreviverei por muito tempo ao castigo. Mas não me pegam. Por outro lado, consigo uma pitada de *mahorka* quase todos os dias, e ainda por cima posso até trocar por repolho e beterraba.

Quero ir para casa...

A cada noite, depois da distribuição da sopa, os caldeirões são transportados de volta para a cozinha, do lado de fora do arame farpado, por uma equipe de um *Zelt* diferente. Desenvolvo um plano detalhado para o dia em que for a vez de o *Zelt* 28 executar essa tarefa. As batatas e as couves-rábano ficam em grandes pilhas na frente da cozinha. Ali, finjo um tropeço e me atiro de bruços bem no meio da pilha de tesouros, e enquanto me levanto praguejando algumas preciosas batatas desaparecem nos volumosos bolsos do cafetã.

Tenho orgulho do fato de que nem mesmo meus experientes colegas de *Zelt* percebem a pequena manobra. Sanyi Róth com certeza iria me elogiar se eu lhe contasse.

Mas, no final, cada luta para viver acaba, inevitavelmente, afundando no turbilhão infernal. Os moinhos de Deus moem com lentidão, mas os dos campos de extermínio o fazem muito rápido. Sobre o clarão dos momentos mais calmos rapidamente se depositam as cinzas da percepção amarga. À minha volta, a realidade se faz presente: larvas de piolhos, sopas de campo, cadáveres jogados no lixo, mortos-vivos inchados, cassetetes de borracha e revólveres. Nessas horas, voltam os dias de desânimo, os dias de apatia, dos quais um dia havia me erguido.

A infecção intestinal me pegou de novo. O inchaço está se espalhando assustadoramente por todo o meu corpo. Hoje em dia carrego sacos de cimento para as betoneiras e me sujo demais. Uma grossa camada de pó de cimento, que flutua sem cessar, se deposita sobre minha cabeça raspada. Acumula-se em minha gengiva, em meu nariz, olhos e ouvidos. Nem mesmo Sanyi Róth consegue arranjar sabão. Penduro meus trapos acima de mim, no prego. Calça e jaqueta literalmente se movem devido ao enxame de milhares de piolhos. Tentar separá-los é inútil, e agora já nem tento.

É assim que chega uma das datas significativas: 13 de novembro. Às três da madrugada, com um chute, escancaram a porta do número 28. A luz das lanternas é voltada para os que estão descansando.

— *Achtung!*

Sonolentos, nos levantamos meio mecanicamente. O comandante do campo. Atrás dele, Bulldog, o sanitarista da ss, Katz, o médico do campo, dois *Lagerältestes* e o primeiro secretário. Katz está segurando uma folha de papel. Eles param na porta.

O comandante se volta para Katz:

— *Also los! Nur rasch!**

— Rapazes — diz o médico, e, assim que a luz da lanterna ilumina seu rosto, percebe-se que está branco como cera —, tenho uma tarefa difícil. Não posso falar muito, essa besta quase não me

---

* "Vamos lá! Sejam rápidos!", em alemão.

deixava falar húngaro nos *Zelts* húngaros. Resumindo, trata-se do seguinte: tenho que selecionar quatrocentas pessoas. Esses vão partir ainda de madrugada. Para onde, no momento ninguém sabe com certeza. Não quero enganar ninguém, por isso direi abertamente que, segundo informações não oficiais, o destino é Birkenau. Pelo menos é isso que o comandante acha. O resto vocês sabem...

Sua voz fica presa na garganta, ele gagueja:

— Eu... eu... é a 34ª vez que digo isso esta noite... Eu não sou assassino, não sou um assassino em série... não quero ser... Não aguento... não sei o que dizer... Que Deus castigue esses bastardos... Isso é terrível...

Seu olhar, suplicante, nos passa em revista:

— Alguém se voluntaria?

É difícil entender as implicações do que está sendo dito. Chocados, encaramos os vagabundos cinza impacientes e os três *Häftlings*, de quem o momento arrepiante arrancou o orgulho. Eles são escravizados como nós. Amanhã pode ser a vez deles.

— *Also, was ist denn?** — O comandante está impaciente. Tem muitos *Zelts* ainda para percorrer.

Katz olha para a lista:

— Depressa, rapazes! Ninguém? Então eu mesmo vou ter que...

— Não precisa, eu vou. O final vai ser sempre o mesmo, de qualquer maneira eu vou morrer. Duas semanas mais cedo ou mais tarde, tanto faz.

Misi, o batedor de carteiras.

— Seu número?

— 72 154.

— O próximo. São necessárias quatro pessoas de cada *Zelt*. Vamos, rápido!

---

* "Então, o que é que há?", em alemão.

— 76 525.

O caolho Pereldik. Os rumores que correm sobre ele é que era assaltante antes de cair.

— Ao inferno tudo isso — diz ele —, todo esse conforto geral vai ser igual na outra pocilga também.

O pequeno Bolgár me olha com ar de interrogação. Aceno um sim.

— 37 608 — a voz do moleque treme.

— 33 031 — digo rapidamente.

Katz solta um suspiro de alívio.

— Suficiente. Não precisam desanimar. Afinal, não existe nenhuma certeza. A única coisa que se sabe é que vão partir daqui de madrugada. No final das contas, não importa muito — acrescenta rapidamente —, mais cedo ou mais tarde todos nós vamos enlouquecer.

Continua, em alemão:

— Aqueles cujo número anotei não se deitem mais, vão direto para a barbearia. Em seguida, apresentem-se na fila em frente à enfermaria.

O comandante gesticula com o revólver na mão:

— Lavem-se muito bem. O judeu que eu encontrar com sujeira na cabeça…

Ele se cala, com ênfase ameaçadora. Depois se vira para Katz:

— *Fertig?**

— *Jawohl, Herr Kommandant.***

— *Also weiter.****

Fomos ferrados. Ninguém mais dorme no 28 esta noite.

— Vocês ficaram malucos? — Róth pergunta, bravo, mas sua

---

* "Terminou?", em alemão.
** "Sim, senhor comandante", em alemão.
*** "Então avante", em alemão.

voz está trêmula. — E se ele não tivesse selecionado vocês? Estamos todos suficientemente desesperados por aqui.

— Olha, Sanyi — o pequeno Bolgár agora está calmamente se coçando e se preparando —, eu, por exemplo, estou há meses querendo acabar com tudo. De repente, a gente pensa na morte como num banho a vapor delicioso e refrescante. Se eu tivesse coragem, teria feito alguma coisa faz muito tempo. Agora parei de me preocupar. Deixa eles puxarem a corda.

— De minha parte — Misi também se levanta —, faz meio ano que não tenho uma boa refeição, não visto uma roupa limpa. O que me espera? A libertação também não me empolga. O prêmio principal é a causa, eu juro.

Pereldik caminha até a porta sem dizer palavra. Dá uma cheirada na noite fria de novembro. Eu também me preparo em silêncio. De nós quatro, sou o único que tem alguma tralha. Resultado de meu último repente de motivação. Guardo minhas coisas numa embalagem de biscoitos rasgada: um pedaço de algodão sujo, alguns trapos, tiras de papel-jornal. Além de uma colher de latão enferrujada e uma lata de conserva vazia, também não tenho mais nada.

Os outros me cercam com curiosa compaixão. Como uma onda arrebatadora, a bondade toma conta deles à vista dos quatro supostamente condenados a caminho da morte. Róth se despede me entregando um repolho e uma grande bituca de um Uman. Aqueles que aqui ficam sentem um comando interior: agora é hora de dar, dar alguma coisa. Eles pressentem a implacável majestade da morte por gás brilhando ao redor de nossas cabeças cheias de piolhos.

No entanto, alguns de nós ainda nos encontraríamos no crematório frio. Mas nesse momento quem poderia saber disso? Todos tinham a firme convicção de que a esteira rolante de Birkenau esperava por aqueles que partiam. Tanto nós como nossos companheiros de infortúnio. Achamos que o fraco consolo emitido por Katz, "não tenho certeza", era um encorajamento forçado.

Na tenda da barbearia, os que partem se lamentam. Especialmente nossos gregos fazem um barulho meio de pânico. Seus lamentos enlouquecidos me fazem estremecer e enfraquecem minha determinação.

Mas passadas duas horas, quando afinal os quatrocentos estão enfileirados, já estou calmo novamente. Começo a tremer, mas dessa vez é apenas obra do frio. Nunca imaginei que seria possível relaxar tanto diante da ideia da morte, mais ainda, que a ideia do fim próximo pudesse se tornar desejável.

As roupas de tecido que recebemos recentemente têm que ser tiradas. Mais uma vez, apenas aqueles tecidos finos, listrados, cobrem nossos corpos inchados e roxos, quando os caminhões param na nossa frente.

Veículos... Eles também aumentam a percepção da convicção. O conforto oferecido por um veículo raramente existe em Auschwitz. Nosso comandante também cumpre sua promessa noturna, dá cacetadas diligentemente. O dever acima de tudo... Prefere sacrificar as poucas horas que restam da noite. Não estamos limpos o suficiente. De que maneira poderíamos nos transformar em seres limpos... ele esqueceu de dar essas instruções.

Dessa vez também recebemos pão e margarina para dois dias. Oitenta de nós são amontoados em cada veículo.

Devem ser umas quatro horas da manhã, um luar brilhante e frio nos acompanha. Ah, e também os guardas com metralhadoras. Agora não estamos com tanto frio, os corpos amontoados se aquecem. Devoro minha porção de pão, vou mordendo a margarina e o repolho que ganhei de Sanyi Róth.

O pequeno Bolgár está agachado a meu lado. Em seu rosto, a primeira luz da aurora brilha maravilhada com a lágrima que escorre.

14.

No final da tarde fazemos uma curva ao redor de um arame farpado. Atrás de um longo edifício de pedra meio em ruínas, chaminés delgadas estão de guarda.

Chaminés — isso corresponde às nossas expectativas, mas a construção em si parece mais uma fábrica do que um crematório. A única certeza é que não estamos em Birkenau, mas que diferença isso faz? O império dos campos, a leste e a oeste, ao norte e ao sul, é flanqueado por Birkenaus menores ou maiores.

A edificação de três andares parece abandonada. Não sai fumaça de suas chaminés, apenas das tendas verdes enfileiradas ao fundo do pátio espaçoso. Ao som de nosso motor, um *Häftling* solitário sai lentamente pelo portão do meio.

— Onde estamos? — ouve-se de uma centena de bocas.

Nas feições obstinadas do homem, uma espécie de sorriso se manifesta. Ele responde, em iídiche:

— Não se assustem com as chaminés. Não é um crematório.

— Então?

— Dörnhau, hospital do campo de concentração. Nunca ouviram falar de nós?

Gritos caóticos. É claro. Ouvimos falar que existiam os chamados campos de concentração hospitalares, mas isso era tudo.

Assim, as manifestações de pêsames que me cercaram em Fürstenstein e me acompanharam desde então se esvaíram no vácuo. Termino de mastigar o repolho de despedida de Sanyi Róth com a sensação de não ter direito a ele. O que o povo do 28 diria sobre essa reviravolta?

— Como está a situação? — Esse é nosso primeiro interesse.

O *Häftling*, que mais tarde descobrimos ser um chefão, membro do secretariado do campo de Dörnhau, de repente se enrijece. Perguntas confidenciais são incompatíveis com sua posição.

— Nada de ficar com tantas perguntas! Calem a boca e coloquem-se em fila!

Eles assumem o controle e já estamos entrando.

No térreo e nos dois andares acima, salões enormes. Salas de máquinas de uma fábrica, abandonadas e desmontadas. Agora contêm longas fileiras de beliches. Em cada um deles, amontoadas, duas ou até três pessoas seminuas, ou sem roupa alguma, se esticam para fora, em pé, sentadas ou de cócoras. Apenas alguns têm cobertores.

Aqui já não há silêncio. Pela janela quebrada, penetra o frio de novembro, mesmo assim o cheiro é insuportável. As paredes exalam um fedor sufocante. Entre as fileiras de beliches, rasteja uma camada de esterco amarelado com vários centímetros de altura. No rio nauseante esqueletos nus chafurdam patinhando.

A primeira impressão: viemos parar entre loucos furiosos. Lamentos, roncos, gritos estridentes, insultos, sons delirantes e rangentes numa cacofonia vertiginosa. O pavilhão infernal enfurecido.

Vinte gritam ao mesmo tempo:

— Penico! Penico!

O penico é um balde amassado no qual aqueles que não conseguem se levantar fazem suas necessidades. Caso chegue até eles a tempo. Os encarregados de levar os penicos geralmente são surdos aos apelos lamuriosos. O balde quase sempre chega atrasado, e a pessoa deitada evacua embaixo de si mesma ou, com ainda mais frequência, na frente do beliche. Todos estão com diarreia. É assim que os horríveis riachos amarelos aparecem ao longo das fileiras de leitos.

Todos os carregadores de balde xingam, batem, rosnam. Entre eles e os que estão deitados, acontece uma luta livre incessante. No início, não entendo como alguém como nós pode assumir uma ocupação tão repulsiva. Mais tarde descubro que os carregadores de balde também estão doentes. Pacientes ambulatoriais que trabalham, os chamados *Schonungs*,* por um pedaço relativamente maior de pão ficam chafurdando de manhã à noite no mar amarelo de estrume humano.

Em menos de uma hora, já não consigo mais me sentir feliz por ter escapado de Birkenau. Tempos depois, em meio à agonia do crematório frio, o fantasma dos primeiros momentos em Dörnhau voltou muitas vezes, minha memória frequentemente relembra a primeira imagem, com a qual demorei muito para me acostumar. Quando eu mesmo passei a fazer parte de seus registros, quando passei a fazer parte das pessoas esqueléticas nuas e estridentes.

O crematório frio...

Foi do dr. Haarpuder que ouvi pela primeira vez essa designação tão acertada, quando ele caminhou entre os recém-chegados. O dr. Haarpuder já foi um conhecido cardiologista na Transilvânia

---

* "Protegidos", em alemão.

ou em Bihar. Aqui, em meio a uma imensa hierarquia médica, sua posição não é muito distinta.

A aristocracia do campo de Dörnhau é intrincada e viciada. Ao chegarmos, a população do crematório frio deve beirar 5 mil pessoas. Desse total, pelo menos quinhentas ocupam algum tipo de cargo e, de uma forma ou de outra, exercem um poder tirânico. O prestigiado ramo da nobre organização é a equipe médica constituída de sessenta a setenta indivíduos. O diretor é o dr. Párdány, médico-chefe vindo de Félvidék, um dos principais mandachuvas do grande hospital do campo. O dr. Haarpuder é um dos suboficiais desse grupo. Os tenentes e oficiais assistentes de Párdány: o gordo e rabugento dr. Auer; Grau, o cirurgião formado pelo cassetete, que faz amputações sobre uma mesa de madeira não aplainada com uma serra de carpinteiro — cujos "resultados" podem ser adivinhados de antemão; o dr. Warschauer e o dr. Erzberger, os dentistas. Ficam sob os domínios deste último principalmente os dentes de ouro. Os carregadores de cadáveres devem a ele uma prestação de contas dos dentes de ouro arrancados. Ele então os entrega para o *Lagerälteste*. Este dá a propina para o comandante do campo e para o médico-chefe alemão, e o que sobra é distribuído entre os chefes do alto-comando. Bem fraternal. De acordo com um cálculo aproximado, na época de nossa chegada mais de vinte quilos de ouro já haviam sido distribuídos dessa forma.

Todo mundo sabe disso e acha natural. Está virando moda os vivos venderem o tesouro escondido em suas cavidades bucais. Todo um exército de *Häftlings* se especializou exclusivamente na remoção dos dentes dos candidatos, por uma taxa modesta. O ouro dos dentes é comprado sobretudo pelo pessoal da cozinha. Em troca de sopa. Por uma coroa de ouro, sopa especial todos os dias durante uma semana — esse é o preço médio em geral.

Párdány e seus asseclas comandam o exército dos médicos. Naturalmente, mesmo os médicos de escalões mais baixos também estão numa posição privilegiada. De jeito nenhum a casta aceita todos os médicos. Os recém-chegados se transformam em soldados comuns; pacientes ambulatoriais e internados, trabalhadores comuns. Há também uma centena de médicos e estudantes de medicina que ficou de fora do paraíso.

O outro ramo da aristocracia do campo é a nobre ordem dos sanitaristas. Na maioria das vezes é por obra de fraternidade ou camaradagem que eles têm acesso às vantagens, sua ocupação original nada tem a ver com o atendimento a pacientes. Seu chefão é um advogado chamado Miklós Nagy. Dizem que ele tinha 2 mil acres de terra. Um jovem agitado e magricela, do tipo que compensa a insignificância física com arrogância. Aqui a arrogância se transformou em sadismo. Há muito tempo ele não é são, ou pelo menos não no nível mais elevado. Louco, mas com poder. Especialidade: espancamento de solas dos pés e dança de guerra indiana sobre a barriga nua da vítima. Certa vez, vi como o magricela pulou no peito de um doente como se este fosse uma bola de borracha e, com os olhos vermelhos, ficou pisoteando o pobre até se cansar. O crime da vítima: com um falso pretexto, tinha tentado pegar uma segunda porção de sopa.

O grande chefe dos sanitaristas é cercado por assistentes. De seu próprio ponto de vista — e aqui a palavra é realmente adequada —, todos eles são senhores de poder ilimitado. No nível superior de cada bloco, em conjunto com seu *Blockälteste*, reina um sanitarista de bloco. Cada um dos três salões, um acima do outro, forma um bloco separado. Além disso, existem muitos quartos de pacientes, pequenos ou maiores, em todas as partes do edifício. Esses também são separados em blocos. Todos os espaços da fábrica, exceto os espaços menores e mais confortáveis dos chefões, estão recheados com beliches.

No andar intermediário também mora um contingente de cerca de duzentos elementos "saudáveis". Todos os dias eles vão trabalhar junto com os prisioneiros do campo vizinho de Kaltwasser. Estão construindo o país subterrâneo para os nazistas.

O comandante direto de cada fileira de beliches é o sanitarista do grupo com dois auxiliares, bem como um pelotão de carregadores de sopa, distribuidores de pão, varredores, carregadores de baldes, encarregados de despir os cadáveres e carregadores de cadáveres. Os últimos a chegar aqui entre os *Schonungs*. Cada grupo cuida de cem a 150 pacientes acamados. Os mais poderosos são o sanitarista do grupo e seus adjuntos.

A hierarquia médica e de saúde fica em segundo lugar na longa escala de poder. O terceiro ramo da ordem dos magnatas é bem populoso; composto dos *Ältestes*, a horda de *kápós* de cadáveres, *kápós* de distrito, *kápós* da administração e secretários, com o estranhamente chamado Muky Grosz, o *Lagerälteste*, à frente. "Muky" não é, de forma alguma, um apelido carinhoso, de amizade ou coloquial.* É assim que o *Lagerälteste* — Muky, com ípsilon — assina os duros avisos do comandante afixados nas paredes dos blocos.

Há também uma quarta classe privilegiada. O pessoal da cozinha. Cozinheiros, aprendizes de cozinheiro, fatiadores de pão, lavadores de caldeiras, descascadores de batatas. *Kápós* e pessoas comuns.

E todos esses títulos, posições, funções estão longe de ser ficção vazia. Representam poder real, de fato. Por um lado, pelo local de trabalho privilegiado e pela proximidade à panela de sopa, alimentação em maior quantidade e variedade; e, por outro, pela arbitrariedade irresponsável com relação aos demais, no comando, na brutalização, no castigo, além de se manifestar na possibilidade

---

* Se a palavra húngara fosse escrita com "i" — *muki* —, significaria "camarada", "amigão".

deste. O oficial pode dar cacetadas, chutar até a morte, tirar a comida, explorar ou aterrorizar da maneira que lhe aprouver.

Entretanto, acima de todos eles, resplandecem os dois soberanos raramente vistos: o *Lagerälteste* e o médico-chefe. Ambos são párias, como todos nós, mas, em meio ao infortúnio, a sorte os abraçou.

Se eles aparecem no bloco com seu séquito, o som de *sentido* é ouvido da mesma forma que quando um cinza aparece. Cena tragicômica. O prisioneiro de roupas listradas, com os subcomandantes se arrastando humildemente em seu rastro, passa na frente da fileira de beliches, distribuindo instruções e punições. Muky, o baixinho assistente de vendas de Pozsony, de queixo quadrado, com um piscar de olhos, com um aceno de mão, distribui fogo ou outorga favores, levanta ou deixa cair. Comparado com ele, Max, de Eule, ou Berkovits, de Fürstenstein, seriam considerados autoridades modestas.

Nossos guardas da ss moram separadamente, no prédio menor, de escritórios. Raramente se tornam visíveis, tudo acontece por meio de caçadores de *Haftling* e da vontade. A vida e a morte, o sofrimento e o alívio de 6 mil pessoas dependem dos dois reis do campo.

É meu terceiro dia no andar térreo do bloco A. Nem o diabo se importa em nos arranjar acomodação. Somos deixados à nossa própria sorte para lutar por um lugar nos beliches lotados. Não é fácil se encaixar entre os protestos, chutes e maldições dos imundos horrores nus, mas no final a gente consegue.

Na verdade, acabo conseguindo um beliche separado. Tenho sorte, posiciono-me na parte de baixo, perto do final da primeira rua, em frente a um dos locais de distribuição de comida. Dois carregadores de cadáveres acabam de erguer um corpo nu de cima dele. O cobertor ainda está sobre a cama, suas dobras ainda deixam perceber os contornos do corpo que acabou de ser removido. O colchão ainda emana o calor do cadáver que nem bem esfriou. Mas não sou melindroso; nenhum de nós consegue mais sentir nojo.

Estou nu, como os demais. Meus trapos foram levados. Segundo a explicação do dr. Haarpuder, as pessoas que se deitam não precisam de roupas, todas as roupas são necessárias para quem anda.

Tremendo de frio, enfio-me embaixo do cobertor, que momentos antes cobria o cadáver de um companheiro de infortúnio desconhecido. Estou pensando em Birkenau, que, pelo visto, acabou não sendo meu destino.

Por enquanto tudo é improvável. É difícil se livrar da miragem extraordinária, soerguer-se do terror entorpecente em que todos mergulham quando aqui entram. Simplesmente não consigo acreditar no que vejo. Decido que visões assustadoras se tornam permanentes num indivíduo perturbado. Puxo sobre minha cabeça o cobertor do morto infestado de piolhos e fico assim por horas a fio. Procuro luz na escuridão, por trás das pálpebras cerradas construo a realidade perdida.

Estou ardendo no crematório frio.

15.

Não consigo ficar sozinho por muito tempo no beliche. Raramente nos deixam em paz no bloco A. O sistema enlouquecido é ajustado para se manter em constante movimento. Transferências, trocas de beliches, confusões durante a distribuição de sopa, horários de desinfecção de piolhos, supervisões pomposas e cacetadas, distribuição de cupons de comida e retirada de mortos, tudo isso se sucede ininterruptamente.

Algumas horas depois que ocupei a cama, já colocam um vizinho a meu lado. Um velho de olhos fechados, inconsciente. Seu rosto cadavérico se perde sob a espessa camada de sujeira, piolhos se movem em meio ao bigode grisalho emaranhado. De seus lábios exangues de vez em quando saem lamentos em forma de suspiros. Delira. Nunca imaginei tantos sons profundos e trágicos em iídiche, pois esse idioma, em geral, soa um tanto cômico para um judeu que tem o húngaro como língua nativa.

Observo meu vizinho, o velho moribundo. Uma expressão do mundo exterior ainda me toca: compaixão. Estou aqui há apenas três dias. Os outros, os homens nus espremidos entre nós e do nosso lado, nem se dão conta de sua agonia.

Neste lugar em particular a lotação é grande. Em média, são postas cinco pessoas deitadas em cada beliche estreito, além disso colocam pessoas deitadas transversalmente e nos pés. Carregamentos maiores e menores chegam o tempo todo de diversos campos de concentração. Parece que com base num comando central, eles juntam aqui os mais debilitados. Em quase todas as camas, um moribundo.

Cubro as coxas sujas de meu vizinho, magras como os braços de uma criança, me inclino sobre ele. O homem abre os olhos castanhos envelhecidos, pupilas anormalmente dilatadas, globos oculares ensanguentados.

— Água — geme. — Quero água, seus desgraçados... Sarah!... Sarah!... Me ajuda!... Sarah, sua puta fedorenta, por que você não... vem... logo... Água!...

Sua voz esmaece, os olhos se fecham.

Viro-me para o beliche da esquerda:

— Precisamos conseguir água.

— Com os diabos, deixa para lá, daqui a meia hora ele já estará acabado — aconselha Miksa Rosenfeld, que está a meu lado. Grisalho arrogante, cinquentão, o maior falastrão ali. Um cara de pau superensebado. Claro, é só uma metáfora. Nenhum de nós vê gordura há séculos.

Esse Rosenfeld fica ruminando planos sem parar, fazendo comércio por conta de sua próxima sopa, briga com o distribuidor de pão, especula, fica tentando adivinhar coisas. Qual será o *culág* de hoje? Mel artificial ou geleia?

Ele também não consegue se levantar e precisa do balde, mas fala de sua cidade natal com tanta confiança como se tivesse saído de lá anteontem e estivesse prestes a voltar depois de amanhã. É necessário ter muito cuidado com ele, o melhor é comer a ração imediatamente, porque Rosenfeld é um mago do roubo. É tão habilidoso quanto os gregos, representa muito bem o indignado e, se pego em flagrante, desarma até a própria vítima.

Agora que estou lidando com o velho moribundo, Rosenfeld, esforçando-se por aparentar benevolência, tenta me dissuadir:

— Seja como for, a água está contaminada. É proibido beber. Se algum chefão nos pega fazendo isso, dá problema.

Não lhe dou ouvidos, olho em volta à procura de água Sendo um novato no lugar, ainda não tenho lata de conserva vazia. A de Fürstenstein foi roubada no primeiro dia.

— Me passa sua lata — digo em tom ameaçador —, vou buscar água.

A resposta dele é curta:

— Vá a merda!

De fato, é bastante ingênuo supor que alguém vai soltar de suas mãos, ou deixar longe de sua vista, um recipiente tão indispensável.

Eu me dou por vencido. Tenho que reconhecer que a vontade de ajudar é inútil. Nesse momento, sinto um calor úmido embaixo de mim. Ajoelho com nojo, os excrementos do moribundo se espalham devagar em meio à serragem do beliche.

Em vista disso, tenho um colapso nervoso, começo a gritar. Nos beliches, os outros riem:

— Você ainda está muito dengoso, meu camarada de infortúnio. Vai perder esse costume já, já — comenta Israel, da cama do lado oposto, cujos rosto e corpo estão cobertos de terríveis furúnculos abertos. — Parece que o velho já bateu as botas. A maioria deles se borra toda no minuto derradeiro. Essa é sua despedida do mundo.

Rosenfeld se levanta com dificuldade, inclina-se sobre o corpo:

— Está morto — diz, e então, um pouco agitado, se vira para o resto do pessoal, meio ordenando, meio perguntando: — Vamos botar ele sentado?

Começa uma discussão meio acalorada. Regateiam, distribuem as funções. Colocar o cadáver sentado requer organização. Esse é um truque corriqueiro. Baseia-se no fato de que só ganha a sopa e o pão quem tem forças para se sentar durante a distribuição. Quem permanece deitado nesses momentos — segundo a lógica do *Lagerälteste* — é forçosamente um morto, ou pelo menos um moribundo. E os mortos e moribundos não precisam de comida. Os chefões recebem o abastecimento diário de acordo com o número de pessoas presentes durante o café da manhã e repartem o excedente. E isso é respeitado, todos os dias.

Os acamados são hábeis manipuladores. A distribuição noturna ocorre em total escuridão, apenas um toco de vela dentro de um vidro tremula na mão do supervisor dos distribuidores de comida. A aliança casual dos vizinhos faz o morto ou o moribundo ficar sentado. Arrumam a mão rígida numa posição estendida e, por trás dele, mãos vivas agarram a comida colocada na fila, sem serem notadas. O produto do roubo então é dividido pelos organizadores em meio a disputas mais ou menos acirradas. Uma colherada daquela sopa miserável desperta os homens debilitados. Lutam ali mesmo, sobre a barriga do cadáver, vão arrancando os pedaços de pão das mãos um do outro.

Os falecidos do dia anterior são listados na manhã seguinte pelos sanitaristas, mas a remoção de fato costuma ocorrer apenas perto do meio-dia. Foi minha primeira noite ao lado de um morto. A temperatura gradualmente mais fria do cadáver pressionado contra meu corpo me enche de nojo. Fico espantado com a calma com que nosso vizinho comum, Weisz, barbeiro gago de Kassa, põe a perna atravessada sobre a barriga do cadáver.

É estranho, mas a letargia que se espalha pelos olhos e pelo cérebro, o embotamento semiconsciente, ajuda. Perde-se a consciência do que é real. De novo me refugio na realidade dos olhos fechados, como quando cheguei. Evoco memórias da vida lá de fora, esbarro em corpos fumegantes dos pés à cabeça. Os que são tocados xingam e se lamentam em húngaro, polonês e iídiche. O corpo inchado devido à retenção de líquido responde com dor a cada toque.

O lugar que serve de depósito de alimentos fecha tarde da noite. Durante toda a noite, *Schonungs* especialmente designados o protegem contra tentativas de roubo por parte dos espertinhos. Nossos comandantes vão se retirando, o mercado de trocas em frente ao corredor que leva às latrinas vai lentamente ficando vazio. Os encarregados noturnos dos baldes, tremendo de frio, assumem o serviço do lado do compartimento cercado dos sanitaristas. Uma procissão de pessoas nuas se arrasta na direção das latrinas. Quem consegue se levantar desce do beliche. Um vento gelado entra assobiando pela janela quebrada. O bafo dos corpos não alivia o frio extremo, o vento não dá conta do fedor que já está arraigado nos corpos, na pedra, na madeira, em tudo, de forma tão inextirpável quanto os piolhos.

A noite em Dörnhau desce pesadamente.

Já mastigamos o pão e com sofreguidão já engolimos a sopa. Até os que têm menos de uma hora de vida terminaram de lamber sua sopa. Com as mãos trêmulas, aqueles com diarreia que não podem mais comer escondem o pão embaixo da serragem.

Em Dörnhau, em geral é à noite que os que estão para partir o fazem. À noite pertencem a luta gemida, a despedida gritante, o delírio doloroso do caminho de casa...

Vocês, visionários que usam caneta, giz, pedra ou pincel, vocês, que outrora fizeram tentativas de invocar a expressão do sofrimento e da morte; videntes da dança da morte, escultores do horror, escribas do inferno, é aqui que vocês devem vir!

Noite de Dörnhau...

Seiscentos homens estão amontoados, fortemente apertados

uns ao lado dos outros. Um em cada três se contorce, lamenta, geme, grunhe, delira. Um em cada três agoniza.

Há aqueles que imploram por um médico, irracionalmente, teimosamente, para si mesmos. O sujeito que está no beliche acima de mim, o alfaiate magrinho, está andando em casa, conversando com seu filhinho. Amanhã ele também já não irá costurar chapéus para os chefões abastados em troca de sopa.

Acima de mim, abaixo de mim, ao meu redor, entre espasmos e convulsões, aqueles muitos em vias de partir com voz embargada imploram e gritam por água, pelo amor de Deus. Quantos olhos tolos, repentinamente vidrados, tomam a escuridão de Hades por um otimismo cor-de-rosa. A morte onisciente, confiante, conselheira prestativa caminha à vontade entre os beliches.

A lamentação influencia. Como cães enfeitiçados pela lua, todos os seiscentos ficam se lamuriando; em coro, sem rumo. Um esquadrão de flagelantes frenéticos.

O galpão gelado de janelas quebradas reverbera com os sons arrepiantes, gritos de desespero, de horror e medo lançados ao ar, verdadeiros uivos.

O concerto dos excluídos dura até que se infiltrem os primeiros tons cinza do alvorecer. Então o silêncio acontece. Sem transição, sem sentido, assim como o barulho que acontecia antes.

Num único bloco, duzentos morrem numa só noite.

O alvorecer vai se esparramando, os beliches silenciam. Os mortos e os vivos adormecem.

Às cinco da manhã começa uma correria. O sinal de despertar dispara para o pelotão de trabalhadores do terceiro andar. Antes do *Apell* eles se reúnem no bloco A. O caminho para a latrina passa por aqui. Agora é um tipo diferente de barulho que enche o local, mas já não me incomoda mais. Os acamados do bloco A estão imóveis, mas poucos dormem. Aqueles que trabalham recebem um terço de um pão, quatro vezes mais do que nós.

Cada um deles está mastigando um pedaço de pão. Olhares ansiosos os acompanham. A visão excitante rasga as feridas da fome. Tentamos dormir de novo: ao dormir ganhamos tempo. Um pão é dividido em onze partes. Nossos esforços desesperados para dormir são bem-sucedidos para alguns de nós, mas às nove horas temos que estar acordados, de qualquer maneira. As fileiras entre os beliches são percorridas pelos sanitaristas:

— Declarar os mortos! *Toten anmelden** — gritam em húngaro e alemão.

Os que estão de bom humor dão uma versão brincalhona da ordem:

— Todos os mortos, apresentem-se!

A declaração é sempre obrigação do vizinho. Os sanitaristas anotam o número do morto e do beliche, então o *kápó* fúnebre, o comandante do pelotão fúnebre, aparece junto com seus homens. Dois carregadores de cadáveres com pranchas de madeira primitivas. Com a ajuda dos vizinhos, sem delongas, arrancam o defunto do beliche e o arrastam pelo rio de fezes. Uma pequena etiqueta com o número do ex-*Häftling* é amarrada ao dedão do pé e na mesma hora o levam embora. Por enquanto, os vizinhos estão contentes com o lugar extra, mais espaço, a cessação momentânea do desconforto causado pelo cadáver. De qualquer maneira, já não vão conseguir pegar sua ração de pão de hoje, o morto já está registrado e sua ração já foi cancelada.

O sujeito que seguiu em frente continua sua curta jornada até a tenda dos cadáveres. Dali segue para uma cova comum, coberta de cal, escavada ao lado do campo. Primeiro, seus dentes de ouro serão arrancados. Os mártires nus da noite de Dörnhau vão virar pó no amaldiçoado solo alemão. Eles não têm nome, só um número, e apenas o esfarrapado livro de registro de óbitos do secre-

---

* "Registrar os mortos", em alemão.

tário do campo garante que algumas semanas ou meses no campo se transformaram na eternidade.

O alívio dos vizinhos não dura muito. Depois das nove horas, a pé, em carros e caminhões, um após o outro os novos carregamentos entram no crematório frio.

16.

O sanitarista do nosso bloco se chama Judovics. O tiranozinho de merda do bloco A tem vinte e poucos anos. Involuntariamente, testemunhei a ascensão fulminante do safado escorregadio. Ele começou como carregador de sopa, e garantia suas rações extras por meio de ardis. Após o serviço, deitado em seu beliche, mastigava com volúpia metódica a comida saqueada. Era subornável; arranjava sopa extra do caldeirão por meia porção de *culág*. Os negócios floresceram e Judovics logo foi considerado um ricaço. Sua grosseria, seu refinado comportamento desalmado, sua gritaria servil e, por último, mas não menos importante, sua excelente condição física chamaram a atenção dos superiores. Não demorou muito para que fosse nomeado inspetor de pão. E quando o sanitarista do bloco A, o odiado farmacêutico Steinfeld, se apresentou para ser *kápó* regional, como seu sucessor Judovics literalmente se sentou no pescoço de nosso bloco.

Esse moleque gago, de face escura, era um daqueles que já em sua terra natal "não servia para nada". Não sabia nem escrever o próprio nome e, onde morava, estava constantemente em guerra com a lei. Mas agora, no pântano da fábrica da morte, ele realmente floresceu. Arbitrariedade e crueldade "lhe caíam como uma luva". Com seus recursos, conseguiu se tornar indispensável diante das esferas mais altas do poder, que pouco se importavam com o bloco A. O espaço do andar térreo gradualmente foi se transformando no corredor da morte dos moribundos. Também jogavam ali até aqueles que um exame superficial rotulava como incuráveis. A maioria destes já era incapaz de ficar de pé. Estavam tão enfraquecidos que os músculos flácidos e raquíticos das pernas não suportavam nem o peso do tronco reduzido a um esqueleto. Um *Häftling* em tal condição, se às vezes tentasse se levantar para ir ao banheiro, desabaria facilmente como um trapo.

Sob a supervisão de Judovics, são recebidos o pão do bloco, o *culág* e os caldeirões de sopa. É ele quem inspeciona a distribuição.

Onze da manhã e oito da noite são os horários tremulamente aguardados, todos os dias. Uma experiência decisiva, um evento observado com ansiedade. Os que ainda conseguem se erguer fazem os preparativos para o grande ritual: a alimentação. Homens esqueléticos, esperando com avidez, agarram a colher de ferro retirada de debaixo da serragem. A sopa é trazida até a cama. À medida que nossa vez na distribuição se aproxima, a excitação aumenta. Observamos tensos cada movimento que os carregadores de comida fazem na lama e discutimos detalhadamente as informações que passam de beliche em beliche.

— Sopa do campo — vem um relato do final da fila.

Uma pergunta volta com ansiedade:

— Rala?

— Água quente.

Por isso estamos ansiosos para lhe deitar as mãos. Primeiro, mergulhamos a colher na sopa. Avaliamos se há cenouras, beterrabas, cascas de batata nadando no fundo ou se é apenas o caldo. Os sortudos ganham uma porção mais encorpada, e há os protegidos para quem os carregadores reservam um prato melhor. A fim de conseguir uma sopa mais espessa, os mutreteiros imediatamente entregam metade de sua margarina ou um pedaço de mel artificial que já amoleceu e adquiriu uma consistência pegajosa para o arrogante Judovics, com ares de mandão, e seus verdugos.

Judovics é o maestro dos grandes momentos. Seus olhos tudo veem, pune impiedosamente toda espécie de fraude, porque esse tipo de coisa acaba lhe diminuindo, ele, o grande fraudador. Se pega as pessoas no truque do cadáver, atira-se sobre os culpados como um animal selvagem. Os que são apanhados em flagrante nesse dia ficam sem jantar e provavelmente no dia seguinte também.

Botamos o líquido goela abaixo. Raras vezes, quando servem sopa de leite ou ganhamos queijo Roquefort alemão picante junto com o pão, enlouquecemos. Irrompem exclamações de alegria, esperamos a luxúria com corpos trêmulos e olhos inchados.

Nossa fome compulsiva encontra sabores indescritivelmente inebriantes na gordura e nos nutrientes inexistentes naquela lavagem. Deitamo-nos de bruços sobre a serragem infestada de piolhos, de olhos fechados, alheios a tudo, sorvemos, lambiscamos… O caldo morno flui por nossas entranhas torturadas, nossas papilas gustativas evocam prazeres luculianos. Nem antes nem depois experimentei a sensação de mordidelas e goles da mesma maneira que no bloco A.

Judovics e sua camarilha estão se afogando na abundância, se empanturrando no tesouro. As porções economizadas com os cadáveres vão todas para eles, sem contar que na hora de dividir a comida nos saqueiam desavergonhadamente. Tudo isso vai longe. No compartimento dos sanitaristas do bloco, há filas e mais filas de caixas de queijo, e o pão é empilhado em colunas. O pelotão de pessoas saudáveis, quando faz trabalhos externos esporádicos, tem acesso a cigarro ou tabaco. É um sacrifício obrigatório lhe oferecer algo para fumar. Atrás da porta fechada do sanitarista do bloco, ele come e invariavelmente tem um cigarro pendurado na boca. Esse é um luxo inimaginável aqui. Judovics também organizou a compra de tabaco tão bem que às vezes os *Ältestes* e os médicos recorrem a ele para alguns empréstimos entre colegas. Seu uniforme listrado de prisioneiro, com a insígnia militar bordada à mão: BLOCKSANITÄT I., é passado a ferro diariamente pelo pessoal da equipe de desinfecção. Em troca, a grande autoridade lhe reserva sopa extra.

Judovics não conhece seus subordinados. É perigoso abordá-lo, seu poder aumenta na proporção direta à chegada de novos. Evacuados chegam cada vez com mais frequência dos campos. Nossa transferência — ao que parece — apenas abriu a fila. Um após o outro, revejo meus camaradas de infortúnio de Eule e Fürstenstein. O magrelo Gleiwitz vem de Eule. Não o reconheço. Seu rosto comprido e magro estava inchado de tal modo que não permitia o reconhecimento. O funileiro Fogel também está irreconhecível. Seu corpo estava coberto de furúnculos e escorre pus de suas feridas entupidas de sujeira.

Dois conhecidos de minha região, em um sentido mais estrito da palavra, também chegam: o advogado Bergman e Herz, consultor postal aposentado. Mas em que condições...

Em Eule, eles eram inseparáveis, e aqui também conseguem se espremer em um beliche comum. Ambos são da turma dos vigilantes. Cuidavam de si mesmos, cortavam o pão em porções, preferiam passar menos tempo descansando, mas faziam questão de se lavar diariamente. Distribuíam as porções que recebiam entre o almoço e o jantar; tratavam de preservar a rotina da vida que tinham em casa. Nenhum deles é fumante e isso foi uma grande vantagem. Na época eu encarava seus esforços com uma certa descrença, e agora sinto uma satisfação dolorosa ao vê-los. Bergman está claramente chegando ao fim. Já não consegue mais mover as mãos inchadas. Herz está com diarreia. Seus olhos azuis penetrantes e atentos estão cobertos por pálpebras em forma de cúpula, mas ele tem esperança. Olha aí, começam a enlouquecer e acabam aqui.

— O diabo não é tão preto assim... — Ele tenta sorrir.

Minha resposta é sincera:

— Não mesmo. Marrom.

— Casa de loucos — ele suspira. — Não é preciso nem trabalhar.

— Em compensação, você também não ganha nada para comer.

— Podemos ficar deitados na cama. Eles trazem a sopa até a cama.

Por que eu deveria desmistificar sua fantasia? Seu otimismo é tão incurável quanto sua diarreia.

O pessoal de Fürstenstein diz que o ritmo lá diminuiu. A Sänger und Lanninger agora está trabalhando com metade da velocidade em relação ao que fazia antes, e a destruição do castelo também desacelerou. Raramente chega novo material humano, embora cada vez mais pessoas estejam ficando debilitadas. O trem do comandante do campo de Fürstenstein, quando voltava de licença, foi atingido por bombas em campo aberto. O inventor do *Apell* na chuva foi devidamente eliminado. Antes ele do que nós. Agora outro sargento assumiu o comando; esse é mais indolente e menos inventivo na criação de métodos de tortura. A estrela de Berkovits e do secretário está mais brilhante do que nunca. O novo cinza confia plenamente o campo — e a si mesmo — a eles. O camarada passa o dia inteiro no escritório do quartel, escrutinando o *Beobachter*. Fica procurando notícias animadoras.

Notícias animadoras... Sorvemos sedentos as manchetes sensacionalistas. Nas maiores, porém, a turma de Fürstenstein afirma em uníssono que não acredita. Seria possível? Houve realmente uma tentativa de assassinato de Hitler? Aconteceu há pouco, confirmam os recém-chegados, comentando que viram a notícia oficial com seus próprios olhos, no *Waldenburger Zeitung*. Eles também contaram que, não muito depois de a notícia vir à tona, os uniformes verdes da Wehrmacht desapareceram da noite para o dia. Seus soldados receberam ordem de vestir o uniforme cinza da ss. Isso nós também percebemos, a mesma coisa aconteceu aqui.

O que significa tudo isso? O começo do fim?

Quero sair da cama, quero sair do bloco para conseguir notícias mais detalhadas. Quero encontrar companheiros de infortúnio. Aventuro-me no riacho de excrementos, procuro uma passagem. Desde que vim parar aqui não dei mais que quinze passos. No entanto, sair para o pátio cercado por arame farpado não é proibido. Ainda não vi o que há além da porta do bloco. Estando nu, eu não poderia ousar ir além da porta, mesmo que minhas pernas aguentassem. Mas elas não aguentam. Certa vez, tentei alguns passos na direção do bloco B no andar de cima. Procurava tabaco. Desmoronei no primeiro degrau da escada.

Humilhado, impotente, olhei para o alto daqueles poucos degraus como se fosse o Himalaia. Foi um momento de pleno reconhecimento. Talvez tenha sido aí que despertei para aquilo em que nunca quis acreditar enquanto deitado no beliche: não me resta muito tempo.

Agora também não consigo. O beliche já fez de mim um cativo, tenho medo do chão, estremeço diante da audácia demoníaca de dar um passo. Mesmo assim, com os dentes cerrados, tento de novo e de novo. Pelo menos dentro do bloco.

Estou aprendendo a andar. Que estranho... Na primeira vez, aprendi a andar nos braços de minha mãe, agora a vontade de viver está me ensinando.

Tonto, cubro a cabeça com o cobertor prateado de larvas de piolho. Um, dois, direita, esquerda...

Estou com medo. Usar o cobertor à guisa de roupa também é estritamente proibido, se um médico ou outro chefão me pegar infringindo a regra, mais uma vez estarei apenas brincando com minha vida moribunda. O frio gelado do galpão me faz estremecer.

Esse exercício é um esforço sobre-humano. Quando me jogo de volta no beliche, parece que percorri léguas.

Encontro um novo vizinho. Durante o tempo em que estive fora do beliche o instalaram ali. Ele é meu oitavo vizinho de beliche desde que estou no bloco A. Fica perto da porta.

Ele não me surpreende. Até agora, tive que confirmar oito cadáveres pela manhã, o que — entre outras coisas — também significa que passei oito noites pressionado contra um defunto frio. A gente pode se acostumar a tudo. À confusão lucrativa de fazer sentar o morto para conseguir algumas colheradas extras e também ao fato de que todo moribundo se caga em seus últimos momentos.

Um rapaz branco como cera se estica a meu lado. Olha para o alto, imóvel, para os volantes dos motores esquecidos da antiga sala de máquinas. Ele está de ceroulas e camisa; uma raridade espantosa. Segura com firmeza uma tira estreita de tecido. Certa vez, recebemos esses retalhos de toalhas em Eule, mas aqui eles foram tirados de nós. Dentro do trapo, uma caneca esmaltada.

Essas canecas estão entre os bens mais valiosos de Dörnhau. Ninguém sabe de onde ou como elas chegam ao campo, mas sua posse é um sinal inquestionável de riqueza. É mercadoria para barganha: vale duas porções de pão. Além dos chefões, apenas os poupadores mais habilidosos desfilam com canecas.

Dirijo-me a ele:

— Diarreia?

Balança a cabeça, mas não fala. Vejo a marca infalível em seu rosto. *Facies hippocratica.** Vejo isso em muitos rostos, todos os dias. A marca da morte nas maçãs do rosto. Rigidez mortal nas feições, a pele parece mármore esmaltado. As pálpebras inchadas ficam penduradas. Leontíase.

Ele se ergue com dificuldade:

— Demora muito para o pão chegar?

— Estão distribuindo agora na primeira fila.

— Estou com tanta fome — suspira.

— Eu sei, meu camarada. Paciência. Não vai demorar nem meia hora.

— Meia hora… não vou aguentar até lá. Estou no fim…

— Como é que não aguenta? Claro que aguenta. Todos nós aguentamos. Eu também. Comporte-se como um homem. De onde você vem?

— Kaltwasser.

— Você é o quê? Estudante?

— Não. Rabino.

Com certeza deve ter terminado seus estudos recentemente. Rabino, vejam só. O rabino de alguma pequena comunidade religiosa na região dos Cárpatos. Esqueci o nome da aldeia de onde ele foi arrastado, mas vejo o rosto do jovem rabino. Agora e sempre.

Já não se vê mais nada de rabínico ou de humano nele. Já não pensa mais em Deus, a cujo serviço sacrificial se dedicou, nem nos magníficos manuscritos do seminário rabínico, nem nas intrincadas decorações douradas em hebraico da arca da aliança, nem no rosto da mãe… Pensa na fatia de pão da qual espera a vida.

De novo quer se erguer, mas cai para trás:

— Vai demorar… para eles chegarem… aqui?… Vamos…

---

* Termo médico em latim que designa a face do moribundo.

seus malditos… passa já… para cá… — diz, engasgando. — Pão… Eu… minhas entranhas… estão rebentando…

Embaixo dele, sobre o saco, a terrível poça se espalha lenta e tépida. Olha para mim. Eu para ele.

— Recomponha-se, homem — tento encorajá-lo —, estamos todos com fome. Só mais alguns minutos você aguenta.

Ele faz um gesto de desdém:

— Sinto que estou enfraquecendo… estou sempre enfraquecendo…

Agora fala coerentemente, mas mal se consegue ouvir sua voz:

— Eu não poderia passar na frente da fila? Talvez você pudesse falar lá em cima… se eles pudessem ver em que estado estou…

— Impossível — digo. — Você acabou de chegar, não conhece Judovics. Na melhor das hipóteses, ele me encheria de pancada.

Ele murmura palavras em hebraico, depois sussurra claramente em húngaro:

— Seus canalhas… meus próprios irmãos… seus canalhas…

Diz isso e não mais respira. A mão cheia de veias que segurava a caneca se afrouxou e fazendo barulho o precioso objeto cai embaixo do beliche. Os olhos do rabino estão abertos, virados para mim, do mesmo jeito que agora há pouco os tinha erguido para mim.

O olhar petrificado está triunfante:

— Eu não disse?

É uma lei não escrita do campo que os pertences do falecido, se houver, são herdados por seu vizinho. Mas a coisa também não é simples. Por causa de um lixo miserável, você deve lutar fisicamente com as pessoas próximas. Perto de um novo cadáver sempre há uma disputa. Braços raquíticos se enrolam uns nos outros, dedos se atiram na direção de olhos, tentam golpes sem nenhuma força. Uma luta de fracos ridiculamente nauseabunda. O atingido mal sente o golpe.

Agora mesmo, três ou quatro hienas pairam sobre o morto. Chegam a examinar a cavidade bucal, lançam-lhe um olhar ganancioso em busca de dentinhos de ouro brilhantes. Nessas ocasiões as hienas se aventuram em ações individuais. Se conseguirem a ferramenta adequada, arrancarão o dente sem ser notados, antes de o cadáver ser levado embora. É um negócio arriscado, mas, se bem-sucedido, promete um bom lucro. Os trabalhadores da cozinha estão sempre dispostos a comprar, mas em outros setores espancam o desqualificado até a morte. Nesses casos, os chefões que se sentem prejudicados se mostram ainda menos clementes do que no caso do roubo de pão.

Mas na boca do rabino não há dentes de ouro. O polonês que fica lá em cima do lado esquerdo não se movimentava havia horas, mas agora vai dando um jeito de se achegar, abre a camisa do cadáver, com dedos ávidos examina o peito sujo. Sujeito ingênuo, está procurando por pão escondido. A caneca e o pedaço de toalha desaparecem no ato.

Então, outro companheiro de beliche morto. Ontem, foi a vez de um rapaz de dezesseis anos, de Budapeste, que ficava a meu lado, receber a etiqueta com um número no dedão do pé, anteontem foi um sujeito de Bácska que não reconheci. Acho que o nome dele era Freund. Por vontade própria, o pobre homem se arrastou para perto de mim; queria ver um rosto familiar quando chegasse o fim. Porque não é só olhando uns para os outros que a gente percebe quem não vai passar do dia seguinte. Não é apenas a face de leontíase que avisa. Aquele que vai morrer, com uma segurança de partir o coração, também sente e sabe. Como o loiro e estertorante Freund e esse jovem desconhecido, o cadáver de olhos abertos, um servo de Deus enviado para Dörnhau.

Sanyi Róth também pertence a esse grupo. De agora em diante, oficialmente. Porque ele também veio parar aqui, entre os acamados. Não pediu o repolho de volta nem ficou surpreso. Sanyi

Róth não se surpreende, mas olha em volta. Aqui também ele se reinventou. Apesar de sua situação de acamado, conseguiu um posto. Despidor de cadáveres. É uma atividade repugnante, mas o ladrão de nervos de aço não dá a mínima para essas sutilezas.

Usa seu cobertor como albornoz. Nele, a insígnia comum: a mancha arredondada e prateada. Larvas de piolhos. Sanyi também tem roupa íntima. Ele também está fisicamente alquebrado. Em seu rosto duro também se vê o inchaço, que se espalha de maneira assustadora. Além disso, ele se queixa de dores insuportáveis na região dos rins. Mas seus nervos, admite, estão em perfeito estado.

— Ah, se meu corpo estivesse tão em forma quanto meu estado mental — costuma dizer.

Ele empurra as hienas para o lado com força e começa a despir o cadáver. A função é lucrativa — Sanyi Róth sempre sabe qual é a melhor posição para se candidatar —, uma certa parcela dos falecidos tem roupa íntima. E roupa íntima representa uma moeda de troca importante e pertence ao despidor. O rabino tem até camisa e ceroulas. Quando chegou, deve ter conseguido de alguma forma escapar das mãos dos receptadores de roupas.

Sanyi retira os trapos do corpo enrijecido. Trabalha com rapidez e habilidade; o morto fica nu em questão de minutos.

— Agora, vamos lavar — diz enquanto dobra as ceroulas manchadas — e depois levar ao mercado! Todos os dias eu junto de oito a dez. Trabalho pequeno, mas fazer o quê? Foi Józsi Pepita quem me arrumou.

— E quem é esse?

— Józsi Pepita, do Népliget.* Você ainda não teve o prazer de conhecê-lo? Sorte sua. É sanitarista coletivo no andar de cima, no B. O bloco inteiro treme de medo dele. Amigão meu.

— Pepita… Que raio de nome é esse?

---

* Grande parque de diversões em Budapeste.

— Nome artístico. Era ele quem apresentava a mulher barbada no Népliget. "A brincadeira continua, pode entrar... Apenas dez centavos, mais a diversão, é muito familiar!" E agora é chefão, meu amigo, e que amigão!

Tenta usar seu costumeiro humor do submundo:

— Um conjunto de seda fino como este sempre vale dois estoura-peitos. Enquanto ainda tiver cigarro no campo. Ao que parece, não por muito tempo. O negócio está bem fraco. Os prêmios estão congelados.

Olha para mim. Lembra-se de alguma coisa:

— Mas é claro, você não tem ceroulas. Pega — ele joga em minha direção os trapos que acabou de tirar do cadáver. — Tenho duas em bom estado, para quando formos para casa.

— Obrigado, Sanyi, mas não quero. Do jeito que estão, não posso vestir, e não tenho como lavar.

— Tá maluco? Acha que estas que estou usando vieram da lavanderia? Passadas a ferro, embrulhadas em papel de seda rosa?

— Pode dar para outra pessoa.

Ele não fica ofendido. Talvez esteja contente por escapar impune de seu lampejo de generosidade.

— Bem, nada de violência. De noite virei aqui no beliche. Talvez o pessoal que sai lá para fora traga tabaco. Você consegue se levantar?

— Difícil.

— Tem alguma coisa para vender?

— Não tenho.

— Sem problemas. Vou te contar aquela história do golpe na praça Lenke. Sabe, aquilo que eu estava te contando em Fürstenstein.

Joga sua pilhagem debaixo do braço. Ele também está trêmulo sobre as pernas. Sei que quase não come. Gasta tudo que consegue com tabaco.

Ele não volta, nem à noite, nem no dia seguinte. Nunca mais

vai voltar. Mais tarde fico sabendo que ele teve uma crise renal, não conseguiu mais se levantar. Foi operado pelo dr. Grau.

"Esse já foi", converso com meus botões, pensando nas patas sujas do *Häftling* meio louco e exaltado que o operou e na mesa de jantar usada como mesa de cirurgia na sala dos médicos.

Aventuro-me até seu beliche. Não está mais lá. Depois da cirurgia, ele foi colocado no B, lá em cima. Lá já não consigo me aventurar. Mais do que nunca, estou longe das acrobacias de subir escadas.

Meu triste prognóstico se concretiza. Sanyi Róth sofreu uma agonia desumana no dia seguinte à "cirurgia". Também ouvi do pessoal lá de cima que a luta do grandão com a morte foi atipicamente longa e difícil.

Naquela noite, ele superou todos os gritos do batalhão dos que estavam partindo. Suas dores se dissolveram em urros angustiantes de fazer chacoalhar os ossos. Em seus últimos minutos, foi dominado por uma vontade convulsiva de viver. A todo custo exigia a presença de um médico; um que o ajudasse.

— Minha ração de pão de uma semana inteira para quem me trouxer um médico — o grito dele se sobrepôs ao concerto dos que partiam.

Braun, o temido chefe dos médicos sanitaristas do bloco B, ex-policial profissional e um dos principais apoiadores de Sanyi, comentou calmamente:

— Bem, essa também deve ser uma de suas tramoias.

A área ao redor de sua cama só ficou por fim silenciosa de madrugada. Sua roupa íntima, em condições relativamente boas — é óbvio que ele reservava a melhor opção para si —, foi tirada por seu sucessor, o novo despidor.

17.

Os ocupantes de quatro a cinco beliches conseguem entrar em contato entre si sem deixar seu espaço na cama. Dentro desse mundo minúsculo, desenvolve-se algo que, em raros momentos de sanidade, com muita boa vontade, pode ser chamado de companheirismo.

No início de dezembro, novamente mudam a gente de lugar. Agora fico na parte da frente do galpão, bem diante da porta que dá para a latrina. Aqui, o inspetor sanitarista é o velho Salgó. Uma pessoa complicada, que já passou dos sessenta; comerciante da região de Kassa. Seus conterrâneos de posições mais elevadas o colocaram nesse posto mais rentável. É um mistério eterno como ele conseguiu sobreviver a Cila e Caribde* do corredor da morte de Auschwitz.

Excepcionalmente para alguém em sua posição, é raro ouvi--lo gritar e vê-lo bater em nós; em compensação, tributa nosso pão

---

* Cila e Caribde — da mitologia grega —, respectivamente um rochedo e um redemoinho.

é nosso *culág* de forma ainda mais descarada do que seus pares. E isso equivale a nos espancar. Estar no grupo do velho Salgó não pode ser considerado uma sorte em especial. Além disso, depois do Ano-Novo o próprio sanitarista do bloco achou que seus roubos passaram dos limites do atrevimento. A coisa chegou num ponto em que ele já não distribuía nenhum grama de gordura sequer. Então foi instaurada uma investigação contra o velho Salgó. Escondidos em seu beliche, foram encontrados dois quilos de margarina, uma quantidade incrível de açúcar e outros tantos víveres. Como apenas os chefões do escalão mais elevado são autorizados a armazenar alimentos — o *Lagerälteste*, o médico-chefe, os médicos sanitaristas do bloco e o *Älteste* do bloco —, o velho ladrão foi rebaixado e demitido. Pelo que sei, a libertação o encontrou vivo. Com sua trapaça lucrativa, ele se aprumou o suficiente para conseguir essa rara realização.

Nesse meu lugar atual, há vários conhecidos a uma distância visual e perto o suficiente para conversarmos. Bergman e Herz conseguiram se contrabandear para cá; também estão aqui Gleiwitz e Pali Nébl, antigo proprietário de quatrocentos acres de terra fértil em Bácska, o ricaço da aldeia. Lá, referiam-se a ele com pouca simpatia por causa de suas excentricidades e de sua mesquinhez cômica. Morvai, pintor de Kassa, também está aqui. Dizem que em casa já era louco. Agora com certeza o é. Ao contrário dos outros, ele não está inchado nem com diarreia. Mas tem febre. Suas maçãs do rosto se projetam como lanças ardentes; o homem inteiro arde e elimina vapor por conta disso. O último estágio da tuberculose desenfreada é absolutamente evidente nele. Não há termômetro, mas a olhos vistos se percebe que sua temperatura está constantemente em torno de 39 graus. Todos os seus pensamentos e interesses estão centrados em comer. Fora isso, ele dorme. O tempo todo ele vende sua sopa e pão com vários dias de antecedência. Por duas batatas ou algumas cenouras, passa para qualquer um sua ração do dia seguinte. Para esse acordo favorável, é claro que sempre há um voluntário e, assim, as porções de Morvai são constantemente distribuídas para seus credores.

Sempre que consegue ter sucesso em um negócio de usura tão triste, ele puxa seu cobertor sobre a cabeça e fica mastigando por um longo tempo na escuridão. Então adormece de repente. Muito de vez em quando ele põe a cabeça para fora do cobertor, mas nessas ocasiões nunca fala nada. Seus dedos trêmulos desenham imagens visionárias no ar. Mas na maior parte do tempo ele dorme. Mal tem forma humana.

Izrael foi atacadista. Em sua cidade tinha autoridade e poder, aqui é ninguém entre os infinitos ninguéns. Ele também não come há dias. Com suas porções, compra tabaco e conseguiu até uma velha lata de latão. O ápice do vício da nicotina vai tropegamente o levando em direção à morte próxima e certa, por inanição.

Eu também — apesar de todas as minhas promessas contra — muitas vezes ainda sacrifico metade de meu pão, ou opto por outra meia porção (a porção inteira é mais popular do que duas metades), cometo leviandades imperdoáveis em troca da ilusão da nicotina, mas, comparado a Izrael e seus pares, só posso me considerar um pequeno epígono.

Os olhos de Izrael também ardem numa febre terminal, ele já quase não tem voz. Chegou muito depois de mim. Em Fürstenstein, em certa época trabalhamos juntos nos túneis da Sänger und Lanninger. Em grande parte desse período ele transportou o material que eu escavava. Nunca vi algo mais trágico e ao mesmo tempo mais grotesco do que esse homem baixinho, careca e enrugado apoiado no para-choque do vagonete galopando encosta abaixo. Seus parcos fios de cabelo grisalho balançavam ao vento; era como se a cada instante ele quisesse cair do vagonete chacoalhante.

Agora ele já deu seu último adeus aos vagonetes, aos negócios, ao amanhã. O dia todo observa o Inferno* com apatia, à noite fica se virando na cama, irrequieto. Fala mais dormindo do que quando está acordado. Conversa, como o fazem tantos outros, com os entes queridos que ficaram em casa, como tantos outros fazem. Com os seus entes queridos que ficaram em casa, que, na realidade, nem ficaram em casa. Eles também foram trazidos por trens alemães lacrados com chumbo.

Acima de mim está Handelsmann, colecionador, que fica gritando. Ele é quase tão idoso quanto o velho Salgó. É louco por pão. Troca pão por sopa, *culág* e batatas. Com os itens herdados dos mortos, com tudo que encontra, ele compra pão. Mas não para comer. É para colecionar. Ele tem um saco de pão imundo que passa o dia inteiro acarinhando, tal como o avarento com seu ouro. Fica contando as fatias já duras como pedra, acaricia seu tesouro, deleita-se com ele. É um grau mais louco do que nós, mas sua loucura é acompanhada por uma lógica férrea.

Ou seja, Handelsmann substitui. Coleciona riqueza, como em casa. Afinal, a riqueza abre todas as portas. O tesouro significa esperança e segurança, esconderijos e saídas de emergência. No dia em que tiver pão suficiente, ele vai comprar sua libertação.

O bloco inteiro o conhece; tem fornecedores regulares. Graças ao sobrinho que trabalha na cozinha, diariamente ele ganha uma sopa extra e muitas sobras de comida, mas troca tudo por pão. No final, à noite, costumam surrupiar o saco de pão de debaixo de sua cabeça. Nessas ocasiões Handelsmann tem ataques de raiva. Sua proximidade é perigosa. Seu choro é estridente, ele arranca os cabelos grisalhos, chorando procura alguma coisa para cometer suicídio. Demora horas para se acalmar, quando o faz. E na distribuição seguinte recomeça sua coleção, do início.

---

* A grafia da palavra "Inferno" aqui usada (*infernót*) não é de uso comum em húngaro, somente com referência ao Inferno de Dante.

Alguns gregos e poloneses moribundos completam o triste círculo. Quase não sabemos nada diretamente sobre aqueles que estão mais longe, nas outras fileiras de beliches. Ninguém sai com frequência da cama, ficamos remoendo as pernas de chumbo das horas com nossa própria amargura, de uma distribuição de comida até a próxima. O "companheirismo", no sentido de fazermos companhia uns aos outros, também não tem vida longa. No lugar dos que morrem, novos são imediatamente enfiados nos espaços vagos. As constantes realocações também afetam as relações. Há uma grande escassez de beliches, e mesmo as tentativas dos chefões de movê-los não resolvem a questão da falta de leitos.

Mais pessoas chegam todos os dias. Grupos de miseráveis explorados até o limite extremo chegam de todos os lugares. A vitalidade já minguante dos recém-chegados é ainda mais prejudicada pela marcha forçada, que muitas vezes dura vários dias. Muitos morrem pelo caminho devido ao frio impiedoso ou à fome ainda mais impiedosa. Nossos novos companheiros de infortúnio já não são mais trazidos de caminhão. O caminhão foi apenas um luxo inicial.

Dörnhau assumiu um lugar central. Foi aqui que o país dos campos de concentração despejou sua mão de obra desgastada. Os párias, cujas forças tinham chegado ao fim, que os nazistas, na psicose da ansiedade do fim inevitável, já não ousavam ou não queriam executar no local do trabalho, segundo a velha receita anterior.

Em todos os campos, os cinza foram dominados pelo desânimo e pela perplexidade. O ritmo dos trabalhos de fortificação estagnou em todos os lugares e as entregas de materiais diminuíram. As notícias transmitidas pelas expressões faciais são de nuvens escuras; os estilistas do comando geral também já não conseguem maquiá-las.

Os cadetes da ss já quase não são vistos do lado de dentro da cerca. Desempenham suas funções com estrita disciplina, taciturnos e silenciosos, e, em seu tempo livre, se retiram para os alojamentos, de onde só saem quando a comida é distribuída.

Pela janela, vejo-os de cabeça baixa, marmita na mão, caminhando em direção à tenda da cozinha. Suas passadas não são alegres.

Os suboficiais também vêm com menor frequência, mesmo assim empalidecemos quando ouvimos o estridente *Achtung!* de nossos chefões. Nunca se sabe o que acontece nesses casos, como vai terminar a inspeção.

Principalmente se quem vem é Hans.

Hans é loiro e usa óculos. Um homem ainda imaturo. Um ss de uma só estrela, é o substituto do comandante. Mesmo deitados, nós nos colocamos em posição de sentido. Para esqueletos humanos, isso significa que você tem que se deitar de costas, rígido e imóvel, com as pernas estendidas, as mãos sobre o cobertor, também estendidas.

O cinza supervisiona. Em seu modo de agir não se veem vestígios da influência das notícias desanimadoras de guerra. Um autômato configurado para obediência cega no campo de extermínio. Num tom conciliatório, dá uma bronca nos sanitaristas, distribui algumas bofetadas. Caça principalmente alimentos escondidos em camas, latas de conserva e caixas de madeira. Mesmo que seja proibido guardar qualquer coisa na cama, na prática a maioria de nós tem, do lado da cabeça e sem o menor constrangimento — até que não sejam roubadas —, duas latas de conserva. Uma é kosher.* De vez em quando, se não houver tigelas de barro suficientes, podemos pegar a sopa com ela. A outra não é kosher, serve de penico. No entanto, enganos são passíveis de acontecer.

* Alimento que segue as regras dietéticas judaicas.

Hans — higiene acima de tudo — joga fora os itens tão essenciais se não conseguirmos escondê-los antes disso em nossos sacos de serragem. Se ele tiver tempo e vontade, não hesita em chicotear o dono até fazê-lo sangrar ou chutá-lo até deixá-lo semimorto.

Esse é Hans, que em dezembro de 1944 ainda não havia perdido a guerra.

18.

No Natal temos fortes nevascas. Temos? Não sobra muito dela para nós. Apenas flocos de neve na moldura da vidraça.

Junto com o branco lá fora, uma atmosfera estranha e opressiva desce sobre a fábrica da morte. Sem dúvida há algo no ar. O pelotão dos saudáveis deixa de ir para o trabalho; as pessoas ficam o dia inteiro andando sem rumo, passando o tempo. Os alemães interrompem as fortificações; o ritmo desacelera em todos os aspectos, a tensão do dia a dia afrouxa.

Até a nós já estão chegando notícias alentadoras dos campos de batalha. Por um tempo pelo menos, os soldados da ss abandonam seu silêncio carrancudo, estão mais comunicativos com os chefões. A proximidade do fim os torna indefesos. Buscam o melhor lado de si, e, das palavras que deixam escapar aqui e ali, volta e meia fica evidente o motivo das justificativas:

— Eu, Fulano de Tal, pessoalmente não tenho culpa da coisa. Ordens, ordens...

Talvez:

— Faz tempo que eu digo, isso não pode ser feito...

Porém, nos beliches sentimos poucos efeitos disso tudo. Ao contrário. As frequentes interrupções do serviço de cozinha, que começa a falhar, tornam nossa existência vegetativa ainda mais incerta. De nossa sopa, faz falta até a azedinha ou a casca de batata obrigatórias; de um dia para o outro os *culág* simplesmente sumiram. Certa vez, no final de dezembro, durante dois dias inteiros não recebemos nem nossa minguada ração de pão, que agora está reduzida a uma 16ª parte.

A morte agora ceifa uma colheita ainda maior. Bergman abre a nova fila. Ele parte na véspera do Ano-Novo. O jeito estranhamente leve como se foi é digno de um artigo em revista médica. Ele se sentia como antes. Estava falando. Seu queixo caiu no meio da frase.

Herz sobreviveu a Bergman por duas noites. Eu me lembrava desse homem grisalho, lá da minha região, vestido com a tão almejada elegância campestre, como uma estátua viva do homem metódico e pedante. Ele e Bergman se entendiam bem, e sua camaradagem, o fato de juntos comprarem e consumirem tudo, representava facilidade para ambos. Sempre trabalhavam no mesmo pelotão, depois de complicados cálculos calóricos consumiam juntos a sopa e o pão com uma colherada de açúcar ou uma gota de margarina. Eram Castor e Pólux* de Dörnhau. Era inimaginável que não participassem juntos também do último empreendimento: a morte.

Inchado, com o dobro de seu volume original, o corpo paralisado, Gleiwitz faleceu totalmente irreconhecível. Também Pali Nébl se foi; seus últimos minutos se transformaram numa loucura frenética. Ele se atirou do alto do beliche: um fantasma nu. A agonia perpassava através dele com força sobre-humana. Começou a correr, empurrava quem aparecia a sua frente, gritava:

---

* Dois irmãos gêmeos da mitologia grega.

— Todos vocês, prestem atenção! *Achtung! Achtung!* Um napoleão* para cada uma das sopas! Em casa darei um napoleão para cada sopa! Por escrito! Tenho 2 mil napoleões enterrados! Homens! Camaradas de infortúnio! Um napoleão inteiro para cada sopa!

Desabou na frente da porta. Foi esse seu fim.

O que a fome poderia significar para esse homem? Da superabundante riqueza de sua aldeia, foi arrancado da pátria das delícias para terminar seus quase sete anos neste inferno com cheiro de merda. E não me surpreendeu que o esforço da despedida, para o cérebro em decomposição, não evocasse imagens abstratas de memória, mas apelasse para o prazer da mastigação. Comer, mesmo que ao preço do ouro escondido em sua cidade natal, simplesmente comer. Comer é o bem mais importante!

Em Dörnhau a fatalidade tem cem faces. No galpão da fábrica de tapetes desativada, o Ceifador montou um laboratório experimental.

A morte contagiosa está aqui. Você morre porque vê os estertores de seu vizinho. O restinho de vitalidade que lhe sobra fica contaminado. Na verdade, é isso, pois, no que diz respeito às diferenças de força física, elas desapareceram há muito tempo. Todos chegam ao final igualmente prontos. A diferença está num fator imaterial. Nas veias de um ainda corre um resto de vontade transformada em força, nas de outro isso também chegou ao fim. Todos os dias somos testemunhas da morte contagiosa.

Nos lugares de Bergman, Herz, Gleiwitz, Nébl e dos demais, novos vizinhos foram postos do nosso lado. Poloneses, gregos. Dois conhecidos: Ernő Brüll, advogado e pianista da Eslavônia, e Jancsi Fehér. Este certa vez foi voluntário junto comigo em uma redação; mais tarde, durante os anos da ocupação pelas forças de

---

* Moeda de ouro francesa, de vinte francos, da época de Napoleão.

Horthy,* passou a atuar no mercado clandestino, muito mais lucrativo. Ernő Brüll chora o tempo todo. O outrora bon-vivant virou um molengão, está infantilizado. Em seu rosto vincado por rugas, escorrem lágrimas; umedecem seus parcos fiapos de barba branca e escorrem para dentro da sopa. Como se fosse compelido por uma vontade superior, ele continua falando sobre sua mãe.

— Acredite — soluça —, só gostaria de chegar em casa para vê-la. Para que pudesse lhe beijar as mãos abençoadas. Mas se por acaso a levaram, se ela também foi levada — seu rosto endurece —, eu me vingaria! Vingança impiedosa. Vou me candidatar como supervisor nos campos de trabalho forçado que serão montados para os nazistas.

O outrora favorito das festas dos vilarejos, choramingando e ofegante, clama por vingança. Suas pálpebras estão vermelhas de tanto choro.

Jancsi Fehér, que é muito ativo, está tentando raciocinar. Procura conexões; quer estar entre os privilegiados. Elabora planos, quer chegar no *Lagerälteste* com ideias racionais. Mas suas ideias, que funcionaram no mundo do mercado clandestino, aqui indicam bancarrota. O máximo que consegue é trabalhar como inventariante de cadáveres. Dentro dos limites de determinada área, é ele quem, todas as manhãs, registra os corpos. Ganha tocos de lápis, papel e sopa extra. Nada mais. Isso, porém, não satisfaz sua ambição; ele concentra toda a sua vontade na direção de um único objetivo: chegar lá.** Não correr para casa — chegar lá…

Mas ele também fracassa. O corpo, esse corpo tão voluntarioso, não obedece. No terceiro dia, ele já não consegue mais ficar

---

* Miklós Horthy, ex-regente na Hungria.

** No original húngaro há um jogo de palavras entre *befutni* (alcançar êxito numa competição) e *hazafutni* (correr para casa). *Befutni* também pode significar ser bem-sucedido, conhecido ou popular em alguma área.

de pé. Já não consegue se levantar todas as manhãs para fazer sua ronda. Os lápis, a posição, a sopa extra... o pobre e ambicioso Jancsi perde tudo. Em seu rosto infantilesco transparece o estranho tom amarelo da diarreia, e suas mãos e pernas ficam pesadas como chumbo devido à fraqueza.

Através de transações complicadas, por um acaso e bem nesse momento, tenho acesso a quatro batatas grandes. Uma iguaria cem vezes mais rara nesse jejum sem fim. Por muito tempo luto contra o egoísmo, mas acabo cedendo à chorosa persuasão de Ernő Brüll e mando uma batata para o gravemente doente Jancsi Fehér.

Jancsi está a quatro beliches de distância do nosso. Brüll desce do beliche. Dentro de instantes está de volta; trouxe a doação de volta. Suas lágrimas molharam a batata.

— Morreu neste instante — conta, chorando. — Ele ainda olhou para a batata; foi a última imagem que viu desta vida.

Nossos poloneses e gregos parecem não ter ímpetos raivosos. Entre eles mesmos também quase não conversam. Não é de estranhar, uma vez que há anos os poloneses em especial têm perambulado em guetos e em campos de concentração. Quanto mais dificilmente tecem laços de amizade entre companheiros de infortúnio, conhecidos ou conterrâneos, mais se ouvem suas maldições estridentes. Seus chefões são um tanto mais implacáveis. Muitos dentre eles são pai e filho. Pode acontecer de o pai passar a ser uma pessoa privilegiada e o filho permanecer um prisioneiro comum. Ou vice-versa, o filho passar a ser assistente de algum dos oficiais, talvez na cozinha.

A estratégia escravagista de Hitler consegue o impossível. Toca nas camadas instintivas da relação consanguínea e chega lá no fundo, onde nem essa relação importa mais. Pai e filho brigam por um bocado de comida.

Ilustrações dessa façanha desfilam diante de meus olhos.

Perto de mim há um polonês idoso acamado. Seu filho de treze anos acabou servindo um dos *Blockältestes*. No começo ele visitava o velho diariamente; trazia sobras de pão e beterraba. No começo. Depois de alguns dias, em vão o pai faminto mandava mensagens, as visitas e doações pararam. Quando o velho morreu, seu filho apareceu novamente. Em tom ameaçador, exigiu a herança.

Alguns de nós se revoltaram:

— Você teve coragem de nem sequer aparecer por aqui quando sabia que seu pai estava para morrer. Não tem um pingo de vergonha? Não tem o mínimo de amor dentro de você?

— Como podia vir se estava ocupado? — vem a resposta indiferente. — O *Blockälteste* me expulsa se eu ficar o tempo todo vindo para cá.

— Mas era seu pai. Você sabia que seu pai estava morrendo!

— E daí? No final das contas, todos aqui vão acabar morrendo.

Sim, essa era a opinião geral; esse era o sentimento de todos os escravos. Que aqui, de qualquer maneira, todo mundo vai terminar morrendo...

Amanhece o dia 31 de dezembro. Mais uma noite e o calendário vira para 1945. Incrédulo, toco meu rosto, minhas mãos e meus pés. Estou vivo. É possível que eu esteja vivo? Pessoas com força de vontade maior que a minha, com corpo mais avantajado que o meu, deixaram os beliches antes de mim. Ainda consigo mover meus membros. Falo, como, observo na janela as pilhas de neve que brilham como diamantes. Minha visão é clara, tenho vislumbres sobre o amanhã. O inchaço que eu trouxe de Fürstenstein não está melhorando, mas — milagrosamente — também não está se espalhando. Por enquanto a diarreia me poupou. É verdade que tenho sido cuidadoso, há meses que me abstenho de beber água.

Sinto o sabor de acontecimentos por todos os poros de meu corpo. Algo se moveu, alguma coisa tem que acontecer. Isso tudo não é apenas o efeito de notícias contraditórias e muitas vezes confusas. Leio sinais no rosto de nossos algozes da ss, sinto a reviravolta pulsando em minhas veias.

A véspera de Ano-Novo acaba sendo ainda mais sombria do que o esperado. Sabíamos que não poderia haver uma porção extra ou outro benefício, mas foi inesperado quando a sopa da noite nos foi negada. Ordem de Judovics. Por causa da "indisciplina". Não fizemos silêncio suficiente enquanto esperávamos pela distribuição e o sanitarista do bloco estava, como sempre, de mau humor. Sua desumana medida "retaliatória" é recebida com rancorosa amargura por um bloco A faminto como um leão.

Ao mesmo tempo, da barraca de comida barris de cerveja vão sendo rolados para as salas privadas dos chefões. Graças ao contrabando dos dentes de ouro, nossos privilegiados têm acesso até a cerveja. O desespero aumenta. Os esqueletos humanos rosnam, lançam ameaças e maldições por toda parte. Os magros punhos se erguem atrás das costas de Judovics, que desfila em frente às fileiras de camas com um cigarro entre os dentes e sua roupa de *Häftling* recém-passada a ferro.

À noite, durante o horário da distribuição da sopa, excepcionalmente a luz elétrica está acesa. Chega Márton, o sanitarista-chefe do bloco B no andar de cima, colega de Judovics. De acordo com o pessoal de lá, ele não é tão intransigente quanto Judovics, que é limitado e obcecado pelo poder.

É um negociador de discurso fácil. Aproveita com prazer todas as oportunidades para falar. Fica se regozijando na verborragia de suas frases feitas jurídicas. Ouvi-o, certa vez, falar diante do cadáver de um de seus amigos, em meio à moderada atenção dos acamados.

Ele se apoia à mesa, onde em geral é deixado o pão já cortado em porções.

— Camaradas de infortúnio — começa em tom vigoroso —, gostaria de me dirigir a vocês por ocasião do novo ano que se aproxima. 1944 foi um ano cheio de sofrimentos e provações para todos nós. Nos separaram de nossos entes queridos, nos forçaram à escravidão, nos humilharam de todas as maneiras. Centenas de milhares de nós foram assassinados e continuam a ser mortos todos os dias. Assassinato em massa nessa magnitude é algo desconhecido na história mundial, e todos sabemos quem são os responsáveis por essas atrocidades. Todos ouvimos as notícias da frente de batalha, que podem nos encher de esperanças. Por razões óbvias, não posso dar mais detalhes aqui. Apenas digo que a hora da liberdade não está longe; em seu ventre, o novo ano traz consigo o dia do regresso para casa, o momento de reencontro com os entes queridos de quem fomos separados. Camaradas de infortúnio, depois dos anos do calvário, que Deus dê a todos nós um feliz Ano-Novo!

O breve discurso é traduzido para o iídiche e para o polonês. Ouvimos as lacônicas palavras com indiferença. Nossas mentes estão tomadas pelo jantar perdido e pelos barris de cerveja. A menção à libertação cria um certo efeito, a menção ao lar faz milagres. Algumas mãos tentam bater palmas, fracas.

Mas, quanto a mim, a oratória frívola me deixa furioso. Levanto-me no beliche e começo a falar também. Em voz alta; dirijo minhas palavras diretamente a Márton.

— Excelentíssimo sr. *Blokessanitec*! Não sei se foi informado de que este bloco hoje, véspera de Ano-Novo, devido a uma suposta indisciplina, teve a alimentação negada. Não importa se fomos realmente indisciplinados ou não. Eu e todos os que neste inferno ainda conseguem pensar acreditamos que não fizemos nada que merecesse punição. A espera impaciente de seiscentas pessoas famintas é acompanhada de barulho. Isso não deve ser punível. Mas, se for, não o deveria ser com um castigo mais desumano e mais sofisticadamente cruel do que se poderia imaginar em nossa situação. A liderança do campo, quando espanca até a morte camaradas de infortúnio, comete um crime menor do que agora, quando tira a ração de comida de pessoas famintas a um passo de morrer de inanição. Não sei quem é o responsável pelo fato de seiscentas pessoas aqui presentes hoje, pessoas que são exatamente iguais aos oficiais do campo, estarem prestes a entrar no novo ano ainda mais esfomeadas do que o habitual, ou talvez prestes a morrer durante a noite. Em nome de todos nós, digo abertamente: a fome desta noite é um ato vergonhoso e abominável. Nenhum de nós que sobreviver a isso esquecerá.

Isso não é traduzido por intérpretes, mas os acamados rapidamente contam para os falantes de outros idiomas o que foi dito. O breve discurso tem um efeito inesperado. O bloco vibra como um instrumento percutido. Não tive a intenção de inflamar ninguém, é a verdade que o faz. Todo mundo grita; irrompe uma demonstração em brasa. Choro engasgado, imprecações gaguejadas, braços balançam diante da expressão surpresa de Márton. As pessoas estão tentando sair de seus beliches.

— Vergonha, humilhação! Falam de libertação e negam a sopa. É nosso povo que está negando, não os alemães! Mas vocês jantaram, seus carrascos, não é?… Vimos os barris de cerveja!… Vão se foder!…

Um polonês com a face cheia de feridas está pulando na frente do rosto petrificado de Márton.

— Estou aqui, pode me matar de pancada!… Você pode. Vocês são malandros, traidores, renegados!… Vai ter quem sobreviva a isso, e então, ai de vocês!…

Chovem confusas maldições hebraicas. Fico assustado. Sem dúvida plantei tempestade e isso não poderá ficar sem consequências. A autoridade dos chefões está em jogo, e eles guardam isso com mais zelo do que qualquer outra coisa.

Por sorte, Márton não encara a quebra de disciplina de forma trágica. Ele não tinha a mínima ideia do que tinha ocorrido; foi Judovics quem teve a ideia de suspender o jantar, o que é ainda mais idiota, porque não se destina a beneficiar ninguém. Aquela enorme quantidade de sopa não utilizada deve ser jogada fora.

— Quem foi que falou agora há pouco? — Márton começa a inspeção.

Eu me identifico.

— Seu número?

Informo.

— O que você fazia em sua cidade?

Digo isso também.

Ele se afasta sem dizer palavra e tem uma discussão longa e agitada com Judovics. Ele está visivelmente revoltado. Passa das dez quando são trazidos os caldeirões de sopa. O triunfo é completo, mas não tenho grande futuro com Judovics. O moleque safado — tenho certeza disso — não ficaria em dívida comigo por muito tempo, pois no dia seguinte os poderes superiores também ficaram sabendo do que aconteceu na véspera de Ano-Novo no bloco A. Judovics recebeu uma tremenda reprimenda do médico--chefe. Falando em termos metafóricos, em Dörnhau isso significa fortes tapas e chutes cuidadosamente direcionados. Por pouco o pequeno deus de nosso bloco não cai em desgraça.

Eu ainda teria que me preparar para o pior. Observando retrospectivamente a situação, percebo que foi muito mais estupidez do que coragem chamar para minha pessoa a ira de um homem que tem mil maneiras legais e convenientes de acabar comigo.

Mas nada disso teve chance de acontecer, porque no dia seguinte explodiu a grande e bombástica notícia. Em especial no dia seguinte, tal como em Eule, após a reunião de Feldmann. Uma parte dos pacientes, todos aqueles que são declarados aptos para caminhar, deixa o campo. Irão embora em breve. Destino desconhecido.

A ordem chega de manhã cedo. Nosso campo, mais uma vez, lembra uma colmeia perturbada. Parece evidente tratar-se de uma fuga. A evacuação parcial indica que estão ocorrendo importantes eventos na frente de batalha próxima.

À tarde recebo uma visita. Um jovem bem nutrido e sorridente. Faz Judovics lhe indicar o caminho de meu beliche. Em sua roupa de *Häftling* bem lavada e passada há uma braçadeira bordada: BLOCKÄLTESTE II. É a primeira vez que o vejo.

— Onde está o jornalista?

Levanto o olhar com espanto. Ele diz, em tom amigável:

— Eu não sabia que havia um colega em Dörnhau. Sou Bálint, jornalista de Pozsony.

Também digo meu nome. Essa é a segunda vez que tenho a oportunidade de me apresentar.

— Vamos tratar de cuidar de você, da melhor maneira possível — declara. Me olha de alto a baixo: — Você está em péssimas condições.

Devo estar com uma figura lamentável, porque seu rosto agora mostra preocupação:

— Tanto quanto possível, vamos tornar sua situação suportável. Tanto quanto possível. Porque, sabe... eu já conversei com Párdány, meu primo. Você também trabalha com literatura?

— Escrevi uma coisa aqui, outra ali.

— Vou lhe mandar papel e um lápis. Você pode trabalhar. Experiências aqui não faltam.

— Trabalhar? Aqui?

196

— Dá para escrever em qualquer lugar. Lembre-se de Villon!*

— Sim.

— Aí está.

Volta-se para Judovics:

— Quero que transfira o colega para a primeira fila. Sozinho em um beliche. Entendido? Por enquanto, sopa especial e pão especial todos os dias. De tempos em tempos faça um relato sobre sua condição ao médico-chefe.

Bálint vem me ver várias vezes, certa ocasião até trouxe Párdány consigo. De fato, minha situação melhora consideravelmente. Recebo uma camisa desinfetada, cuecas e uma roupa de *Häftling* desinfestada de piolho. O interesse de Bálint e sua camarilha me torna imune ao desejo de vingança de Judovics.

No dia seguinte, começa o recrutamento dos que vão partir. Os alemães deixam isso inteiramente por conta da liderança dos *Häftlings*. O exame é o mais superficial possível; não passa de formalidade. Com exceção de alguns estetoscópios primitivos, os médicos examinadores não possuem instrumentos adequados.

Dizem abertamente:

— Podem escolher. Vocês querem ir ou ficar? Como quiserem.

Alternativas lúgubres. A marcha dos *Häftlings*, que a maioria de nós já experimentou, nesta época, no inverno, significa morte quase certa. Mesmo para aqueles que estão em condições muito melhores do que os presos no matadouro de Dörnhau. Ficar aqui também não parece aconselhável. Diziam que, se os alemães fossem de fato embora, explodiriam os edifícios junto com aqueles que permanecessem lá dentro. Conhecendo os métodos nazistas, a notícia parece factível.

---

* Referência ao poeta francês François Villon (1431-63), que escreveu boa parte de sua obra enquanto esteve preso em Paris.

A maioria decide ir embora. Pior do que isso não pode ficar, pensam. Marcha forçada? Morte? Que venha!

Esse será o clima predominante. Moribundos se candidatam, aqueles que nunca iriam começar uma jornada porque na noite seguinte a morte os levará. Na coxa dos que se apresentam, os sanitaristas pintam com caneta uma grande letra W: WEITER.* Os que ficam são marcados com a letra R: RETOUR.** Esse selo tatuado no corpo substitui o cartão de identificação.

Não fico ponderando por muito tempo. Vou ficar. Decidi no primeiro minuto e, como sempre, prefiro manter a decisão indicada por meu instinto. Por enquanto, a maior parte do pessoal que trabalha no campo também fica. O *Lagerälteste*, o médico-chefe, Bálint, Judovics, todos... Então, por enquanto, provavelmente não há o que temer. Quando pergunto a Bálint, ele responde, com muita franqueza:

— Nem os sujeitos da ss sabem de alguma coisa. Receberam ordem para que metade do pessoal da guarda partisse imediatamente na direção oeste, com o pelotão dos saudáveis e dos pacientes em condições de caminhar. Na frente de batalha a confusão é total. As tropas soviéticas estão se aproximando da fronteira da Prússia Oriental. Na região de Breslau há exércitos russos lutando. E Breslau fica a menos de cem quilômetros daqui.

— Vocês não vão?

— Por enquanto, não — responde em tom confidencial. — Se botarmos os pés para fora daqui, perdemos nossa posição hierárquica. Além do portão, somos plebeus comuns. Párias comuns. Vamos esperar e ver o que acontece.

Aqueles que estão partindo recebem roupas de tecido provenientes dos estoques de Auschwitz. Porém, nenhum deles tem

* "Mais adiante", em alemão.
** "Anterior", em alemão.

casaco. Também não distribuem comida. Dentre os médicos, cerca de quarenta também se apresentam. Muitos que ocupam posições oficiais também deixam o campo, mas Judovics fica.

Cerca de 2 mil pessoas marcham para fora pelo portão reforçado de arame farpado. Junto com elas, uma parte significativa da equipe da guarda. Os cinza já não se importam tanto com a ordem, já não gritam tanto, em seus ombros já não se veem metralhadoras. Carregam revólveres; alguns têm baioneta.

Sob o sol de inverno, o batalhão serpenteia ao longo da estrada de Wüstegiersdorf pavimentada de neve cintilante. Muitos olham para trás, para os edifícios destruídos, que à distância novamente parecem abandonados. Chegam até a sentir um pouco de pena de nós que ficamos para trás.

No entanto, poucos deles chegarão a rever seu lar. No mínimo bem menos do que aqueles que aqui ficaram.

Ainda no mesmo dia, centenas de novos chegam. Gross--Rosen, Kaltwasser e Wüstegiersdorf despejam uma enxurrada de pessoas em Dörnhau. Definitivamente, não entendemos a coisa. Parece que, afinal, não se trata de evacuação.

Bálint dá de ombros:

— Os russos estão avançando em direção a Kattowitz. Parece ser completamente insano. O pior de tudo é que os novos trazem consigo seus próprios oficiais.

De fato, novos algozes aparecem. São sobretudo da Galícia austro-húngara. Os guardas da ss que vieram com eles os registram segundo seus postos anteriores. Os *Blockältestes*, secretários, sanitaristas, médicos, cozinheiros, *kápós*, não têm nem número, nem ordem. Na verdade, também chegam *Lagerältestes* em fuga, e, contra sua vontade, Muky é forçado a dividir seu trono com os recém-chegados.

Carregamentos humanos que chegam a cada hora perpetuam a confusão. Também nós somos os que pagam o preço disso tudo. A ração de pão, que foi reduzida ao extremo, recebemos de forma desordenada, e a distribuição da sopa sofre interrupções frequentes.

Incerteza e impermanência. Centenas vêm e vão todos os dias. A fila para os que vão partir continua. Um ou dois pelotões partem todos os dias, de forma que a população média de pacientes internados permanece basicamente inalterada. Começamos a entender. Ao que tudo indica nos tornamos uma estação de transição no caso de fuga.

Os mortos já não são mais declarados. Se alguém percebe que seu vizinho não está se mexendo, simplesmente chuta o defunto para fora do beliche. Cadáveres nus passam dias marinando no rio de merda. Até que um dos cinza entra por engano e ordena que os levem embora. Mas isso também não vale muito, meia hora depois outros corpos estão se encharcando na poça pestilenta.

A imundície está assumindo proporções inimagináveis. A sujeira infectada cobre tudo e todos. Além do lixo humano não coletado, o ar está pútrido pelo fedor dos cadáveres. A disciplina está afrouxando, nossos oficiais simplesmente não dão a mínima para nós. Eles se preocupam consigo mesmos. Bálint ainda desce às vezes, mas já não consegue mais ajudar muito. Torna-se minha única fonte de notícias. A uma distância de três quilômetros fica um grande campo de mulheres, e ele vai até lá toda semana, em missão oficial. As mulheres, especialmente suas *kápós*, se movimentam ao ar livre; elas têm mais informações sobre o mundo exterior. As guardas da ss também são mais comunicativas.

Uma vez chegaram até a mandar, de presente, um pão para Ernő Brüll, que tem muitas conhecidas entre elas. A doadora era uma dessas, de Szabadka. Ela enviou um pão inteiro, seu negócio deve estar indo bem. Brüll chorou de felicidade. Chorou como sempre. Além do valor nutritivo, que também não deve ser desprezado, o pão lhe trouxe a mensagem da mulher, do corpo. Foi quando Brüll falou sobre elas; sobre os milagres alegres e misteriosos, sobre as mulheres... Falou sobre elas durante dois dias inteiros. Seus olhos brilhavam enquanto mastigava o pão, suas gengivas desbotadas evocavam a névoa de alegrias distantes havia tempos, a fumaça dourada das aventuras, o sabor dos lábios de mulheres...

Mulheres...

É a primeira vez que me lembro delas desde que estou aqui. Por conta da sorte de Ernő Brüll. É a primeira vez que emito a palavra, a primeira vez que tomo consciência do conceito.

As imagens relacionadas a mulheres nada significam para os esqueletos ambulantes de Auschwitz. O desejo se dissipa nos grilhões dos instintos animais, na ardência da fome. O corpo só consegue ter um único desejo: comer. Nada mais é importante, apenas o estômago rebelde. Existe objetivo mais importante, recompensa mais promissora, do que ganhar uma sopa extra? Existe prazer mais sensual do que a sedutora e sorridente cor violeta de uma beterraba? Existe imagem mais inebriante do que aquela escondida no sabor de uma batata assada?

No país dos campos de concentração não há sexualidade. Ela se esvai da memória sobrecarregada de desejos gastronômicos, como se nunca tivesse existido. E essa mágica demoníaca e antinatural é apenas, em menor medida, causada pela fraqueza física ou pela falta real de mulheres: o fato de não vermos um ser feminino vivo há meses; nem velho, nem jovem.

A causa tem uma origem mais profunda. Vivemos entre corpos humanos terrivelmente distorcidos e repulsivamente desfigurados. Num panóptico de canalhas, úlceras a exsudar ódio. Nossa imaginação distorcida nos transforma — a nós e aos outros — em cadáveres que vomitam dentro da terra.

O submundo do instinto sexual — embora o oposto pareça provável — em geral é ignorado. No bloco A ele é visivelmente representado apenas por Judovics, o sujeito bem nutrido e livre de problemas alimentares. Seu favorito é um garoto franzino de dezesseis anos chamado Michel, com olhos negros muito grandes que só são encontrados na Andaluzia e nos becos dos guetos do leste da Polônia. Michel, com rosto de menina, andou por três guetos. Seus pais pereceram em pogroms depois que os alemães entraram na Polônia, e ele logo ficou maravilhado com a possibilidade de comprar pão e privilégios para si mesmo no mundo dos homens isolados.

Com um descaramento de causar náuseas, o *Blokessanitec* chama pelo pivete de sorriso parvo. À luz do dia, fica enchendo-o de beijos no rosto e nas mãos. Fornece-lhe todos os bens terrenos possíveis, leva-o para o compartimento cercado dos sanitaristas. É evidente que eles não se incomodam com os seiscentos de nós. Nem nós com eles. Para os esqueletos humanos eles não representam nada mais que mero ar.

Após a libertação, Michel começou seu retorno para casa com um estoque significativo de ouro, mas no caminho foi vitimado por um surto de tifo exantemático. Morreu na casa de um camponês alemão em Wüstegiersdorf.

Nos campos de concentração de mulheres a questão da sexualidade desempenhou um papel mais relevante. Por um lado, isso se explica pela diferente intensidade e pelas raízes mais ricas do sexo feminino e, por outro, pelas possibilidades de obtenção de alimentos. Suas condições de vida relativamente mais fáceis também desempenharam um papel. Os membros da equipe do campo masculino, que iam em missões oficiais aos campos femininos, sempre encontravam uma oportunidade para ter um sucesso amoroso fácil. Bálint e seus companheiros sempre tinham namoradas com quem mantinham correspondência amorosa.

Tal como refeições mais nutritivas e roupas melhores, também o amor se tornou um luxo da diminuta camada dos privilegiados. A plebe ficou longe de tudo isso. Tudo o que esta queria era comer, ansiava por isso com uma gana ardente.

Isso significou a morte do prazer sexual, que não raramente foi seguida pela morte real.

Tanto em Ernő Brüll como em mim, só a ocasião do momento acende a chama da memória. Cinco minutos depois, ele já não chora mais por causa da mulher. Ele chora porque sua sopa está ainda mais rala do que de costume. Em vão ele procura no líquido ralo, as rodelas de cenoura não querem se revelar.

19.

A primeira quinzena de janeiro está chegando ao fim. De novo nosso único oásis é o planejamento, para o qual as notícias constroem uma base cada vez mais realista. Há poucos dias, ouvimos dizer que em Budapeste as desesperadas lutas nas ruas acontecem pelos últimos quarteirões de casas. Parte da Prússia Oriental pertence às tropas soviéticas e Berlim foi reduzida a escombros por incessantes ataques aéreos.

Tudo isso é lindo, mas a pergunta é: isso não chegou tarde demais para nós? Enganam-se aqueles que acreditam que dentro dos escravizados criados pelos nazistas ainda sobrou algum senso de comunidade. Que, independentemente de nosso próprio destino individual, valorizávamos a promessa de libertação. De jeito nenhum. Associamos cada momento com a duração esperada de nossa existência física. Esperávamos paz; não tanto para o mundo, mas para nós. Começamos a ter medo do grande intermediador da paz: a morte. Será que o coração, meu coração, não explodirá? Será que o corpo, meu corpo, não inchará antes que a grande virada irrompa por aqui?

Esse é o egoísmo da floresta de sujeira e de piolhos, a lei da selva.

No dia 14 de janeiro contraio diarreia. Convulsões assassinas rapidamente roubam minhas forças.

Vomito sobre a serragem de madeira desgastada, cor de esterco. Meus momentos de lucidez começam a rarear. Por trás de minhas pálpebras, no cenário giratório da neblina, a febre representa um confuso teatro à grand-guignol. Só tenho consciência das cólicas, que continuam voltando. Arrasto-me cambaleando até a latrina. Ernő Brüll me ajuda a me manter de pé.

Apatia. Não desejo a vida, também não desejo a morte. Nenhuma delas promete nada. Quando às vezes acordo, sempre me deparo com os olhos marejados de Ernő Brüll. A única mensagem do mundo. Ele fala comigo, mas eu não ouço. Não me sinto nem para a distribuição da comida. No dia 15 de janeiro o pessoal de Judovics já reparte minha ração de pão entre si.

De cem doentes com diarreia em Dörnhau, 95, com certeza matemática, morrerão. O que me espera também não é diferente, mas Ernő faz barulho com Bálint, que de repente, com uma generosidade transbordante, começa a me fornecer os nutrientes mais luxuosos disponíveis neste lugar. Como ajuda imediata, recebo uma lata de um litro de gordura de cavalo. Todos os dias, Ernő transforma em papa um grande pedaço de fígado de cavalo fumegante e a força para dentro de mim. Com isso vou ressuscitar em breve. Engulo a gordura avidamente. Meu estômago e intestinos respondem às sensações, relaxando. Por volta do dia 20, estou deitado novamente de olhos abertos. Não devo estar pesando mais que 35 quilos, minha leveza quase me faz flutuar no ar, acima de meu beliche. Sou uma sombra entre as sombras.

Estou pensando no que ouvi de um médico recentemente. O segredo da coisa toda é: gordura. Com um quarto de quilo de manteiga ou gordura quase todos os moribundos podem ser trazidos de volta. Mas como adquirir um quarto de quilo de manteiga?

O fígado quente e malcozido mais a gordura estão injetando vida dentro de mim.

— "Miklós ganhou muito fígado naquela época" — Ernő recita de memória o poeta Péter Ilosvai Selymes, dos tempos de estudante.

"Veja só, também no Toldi foi o fígado que injetou força. É verdade que era fígado de touro, mas, afinal, que diferença faz?", reflito.

Ernő Brüll e alguns outros se preocupam comigo à sua maneira. Já se passaram mais alguns dias; como se o beijo promissor da libertação fizesse despertar da letargia a Bela Adormecida de Dörnhau: a solidariedade.

Não é ruim ficar deitado assim. Olhos abertos sem ver nada, sentir minha leveza imaterial, desaparecer preguiçosamente por trás do baldaquino da indiferença real. E — ó felicidade! — você não precisa nem de cigarro, não precisa de nada...

Cura. Parece que vou sobreviver a isso também. Lá fora, atrás da grade da janela, está tudo branco. O que incomoda na uniformidade da cor da neve é o verde sujo das tendas. Mais ao longe, o campo de batatas se cobre com o brilho dos flocos de neve. Na estrada rural, há horas, carroças de camponeses carregadas com sacos, caixotes, móveis e pessoas estão passando numa fila interminável. Mulheres e crianças enroladas em xales, homens em peles, animais conduzidos com cordas.

São os últimos dias de janeiro. Ernő aponta para a fila de carroças. Júbilo em sua voz:

— Veja!

Eu me espanto. Por que estará feliz?

— Estão fugindo. Há dias estão passando.

A Silésia, desfigurada pelos campos de concentração, de fato se transformou numa estrada para fugitivos. As carroças sacolejantes salvam os pertences das colunas soviéticas que avançam rapidamente. A porta dos incendiários está em chamas. A frente de batalha chegou aqui, atrás das fronteiras do Reich antes consideradas invioláveis.

É difícil de acreditar, mas é verdade. Pessoas que vêm de fora dizem que entre os fugitivos também há suábios de Bácska. As placas de identificação nas carroças revelam nomes de lugares como Kerény, Csonoplya, Cservenka, Hódság, Gádor, Sztanisics, Regőce... Alemães de Bácska. Finalmente eles também chegaram aqui. Eles, que, com flores e uma mesa bem arrumada, esperavam pelos esfoladores uniformizados de cinza e com capacetes de guerra, os assassinos de mulheres e crianças com a insígnia da ss. Aqueles que apontaram o dedo para as casas de judeus e de sérvios. Para as casas de pessoas honestas, de espírito progressista, para as casas que julgavam nojentas, para que os destacamentos de detenção não tivessem que procurar muito.

A consciência deles deve estar bem pesada, já que se estabeleceram nessa região anteriormente para evitar o avanço de guerrilheiros iugoslavos. Mas parece que escolheram mal seu novo lugar de moradia. Aqui também eles não podem ficar, e agora, com suas carroças, os bens que saquearam e roubaram, com mulheres, crianças e consciências culpadas, estão à deriva no atoleiro da migração junto com o povo local.

Os acontecimentos estão se precipitando. As divisões de Júkov penetraram na região de Brandemburgo a uma distância de 150 quilômetros de Berlim. Todos os dias, centenas de pequenas e grandes cidades alemãs são ocupadas pelo Exército soviético, em todas as frentes de batalha.

Agora, durante a noite, chamas fantasmagóricas, branco--azuladas, tremulam na estrada. São lâmpadas de carbureto das fileiras de carroças. As mulheres se encolhem, silenciosas; os homens têm frio, praguejam; as crianças de colo choram. A fileira de carroças penetra devagar na escuridão. Acima deles, sob uma cortina estrelada, aviões cortam os céus em zigue-zague; em vilas e cidades distantes as sirenes soam longa e amargamente.

Apesar disso tudo, há um tráfego intenso na estrada. Colunas de caminhões, motocicletas, velhos *drokas** que só se veem por aqui, trenós, carros para transporte de móveis, esquadrões da ss e da Todt sulcam a neve. Correria por toda parte, a psicose da mudança no ar.

Nosso campo continua sendo inundado de gente. Parece que entre eles também existem pessoas em condições físicas para o trabalho. Vêm de campos de concentração evacuados. Foram separados da maior parte de seu batalhão e aqui, em nosso campo, agora estão formando novos pelotões para marchar juntos. Eles ficam ociosos o dia inteiro; os trabalhos do lado de fora do campo foram interrompidos há muito tempo.

Então, o lendário Móric aparece de repente. Até agora, só o conhecíamos de ouvir falar e até duvidávamos de sua existência.

Móric é o principal *kápó* de todos os campos, o *Lagerälteste* dos *Lagerältestes*, o *Führer* das fábricas da morte. O único judeu em toda a Alemanha que pode circular livremente à paisana e sem vigilância. Um judeu polonês muito magrelo e pálido. Ninguém sabe seu sobrenome. Originalmente começou como *Häftling*, como centenas e centenas de milhares de parceiros de infortúnio dos países europeus conquistados. É totalmente obscuro como passou a ter tanto poder.

Ele é aquele tipo de escravizado judeu das galés cujas ligações misteriosas se estendem até o comando central alemão em Auschwitz. Assim, no grau mais elevado, não apenas os capatazes

---

* Antigo veículo puxado a cavalo.

judeus de todas as categorias e ordens, mas também os comandantes dos campos alemães têm pavor dele.

Um verdadeiro auditor. Sempre chega de maneira inesperada e desaparece sem deixar vestígios. Só esteve em Dörnhau uma única vez, quando vasculhou minuciosamente a pilha de dentes de ouro, de comida e de outras sujeiradas dos corruptos.

Não usa identificação de judeu. Veste uma jaqueta cinza surpreendentemente bem talhada e um impermeável *crombie* de inverno. Debaixo do braço, carrega uma maleta com zíper. Seus olhos inteligentes e rápidos refletem a cor de alguma dor antiga. Não parece saudável; a notícia que corre é que ele tem uma doença pulmonar grave.

Só o vemos uma vez no bloco A. Caminha lentamente na frente das fileiras de camas. Com um olhar perscrutador, examina os beliches, seus ocupantes trêmulos em posição de sentido. A seu lado estão os comandantes da ss, atrás, nosso *Lagerälteste*, o médico-chefe e os secretários. Ele não fala com ninguém, e ninguém tampouco se atreve a falar com ele.

O silêncio é quebrado em um dos beliches. Um moribundo se estica e geme de dor. Despede-se da vida em iídiche, a língua de Móric, mas o rei dos *Häftlings* nem sequer olha para ele.

Quando Móric sai, Ernő diz:

— Você vai ver, esta visita significa alguma coisa. Qualquer coisa. Alguma mudança.

Onde Móric aparece tem que acontecer algo.

E acontece. O homem misterioso, como em sua visita no passado, também tem como alvo o negócio dos dentes de ouro. Exigiu relatórios. Depois de analisá-los, discretamente, mas de forma muito decisiva, afastou Párdány, o médico diretor. Em seu lugar, nomeou um cirurgião polonês chamado Lévi, de um dos transportes recém-chegados. Também restringiu bastante a onipotência de Muky. Não o rebaixou, mas nomeou outro polonês, chamado Krausz, para ficar ao lado dele, com a mesma autoridade. Diluiu o poder do exército de secretários, cozinheiros, *Blockältestes* e sanitaristas com judeus poloneses recém-chegados. De modo geral, criou uma reviravolta tão grande nas fileiras já emaranhadas que agora é que ninguém realmente se entende.

Bálint nos conta tudo isso no dia seguinte, depois que passou a tempestade Móric. O próprio Bálint saiu prejudicado da fiscalização. Teve que engolir a designação de um *Älteste* parceiro.

Graças a Móric, podemos agora — por conta das mudanças que promoveu — testemunhar as lutas repulsivas de nossas velhas e novas autoridades brigando entre si, além das violentas contendas nos beliches. Apenas a posição de Judovics não foi abalada. Ele recebeu o inspetor, mas logo deu a volta por cima. Imperturbável, continua a roubar as porções dos moribundos. Seu estoque de ouro é respeitável.

Párdány, a divindade rebaixada, será nosso médico do bloco. Para ele é um escorregão grande, mas para mim, em especial, isso é bom. Mesmo destronado, ele é realeza. E ainda tem reservas, das quais — quando está de bom humor — se depreende alguma coisa. Através de suas conexões, ele obtém informações do mundo exterior. E estas agora, em tempos de acontecimentos galopantes, são mais importantes do que qualquer outra coisa.

O dr. Farkas também está aqui no bloco A. Somos companheiros de bloco há semanas, mas esta é a primeira vez que nos encontramos. O escravizado da Sänger und Lanninger de Fürstenstein caiu algumas semanas depois de mim, embora, quando nos conhecemos, ele tivesse previsto que não iria aguentar por muito tempo. Aqui está numa situação melhor; recebeu uma função como médico.

É um homem especial, taciturno. Um cirurgião de quem os meses em Auschwitz, como a uma membrana doente, despojaram a falsa superioridade do médico e outorgaram a modéstia destinada a confortar o paciente. Do dr. Farkas original só restou o homem atormentado e participativo. Aqui, ele observa alarmado os traficantes de sua profissão: os que se prostituíram, os fracassados, os loucos que amputam com faca de cozinha e roubam dos cadáveres. O juramento hipocrático não os atormenta no meio da cacofonia noturna do bloco A e dos outros blocos, quando a morte galopa como louca, de beliche em beliche.

O dr. Farkas não perdeu o médico que há dentro de si, e também encontrou o homem. Não pode fazer muita coisa, mas às vezes alisa uma testa encharcada de suor e apalpa uma artéria falhando. Com um sorriso encorajador e palavras tranquilizadoras, ele se tornou o barqueiro de quem se dirige para o outro lado. Arriscando a própria vida, rouba remédios da farmácia portátil dos cinza... Usa Evipan* para acalmar os que têm convulsões; distribui pastilhas de carvão para pessoas com diarreia. Ele não será popular entre nós. Ninguém pode ser popular aqui, para isso já estamos indiferentes demais. Mas as pessoas o ouvem, acreditam nele. Se não vem, faz falta.

Na verdade, também começo a conhecê-lo melhor agora. Sua voz comedida morreu em meio ao barulho das furadeiras de Fürstenstein. A filosofia refrescante de seu comportamento não surtiu efeito. Aliás, essa filosofia culmina no fato de que a vida não é necessariamente a melhor e a morte não é necessariamente a pior de todas as possibilidades. Tirando isso, ele quase nunca politiza; não gosta de ficar fazendo adivinhação sobre as chances de voltar para casa.

— Tem tanta alma boa que uma certa porcentagem deve chegar em casa — costumava dizer. — Se você ou eu formos incluídos nessa porcentagem não interessa, de fato. E tem mais uma

---

* Nome comercial de um derivado de ácido barbitúrico usado como anestésico.

coisa que é certa. Pelo menos é quase. Às vezes tenho problemas com essa coisa.

Está olhando para as palmas das mãos enrugadas e ásperas, para os dedos cheios de bolhas e calos.

— Cinismo barato — argumento. — Eu sou eu e não me importo com nenhuma utopia do futuro se não puder fazer parte dela. Esse tanto de egoísmo ainda pode ser considerado altruísmo. A propósito, para você é fácil falar porque não deixou ninguém em casa.

Farkas é solteiro.

— Engano seu — diz. — Em geral homens solteiros também têm pai e mãe. E tenho certeza de que meu pai e minha mãe também foram parar na câmara de gás.

— Você também não deseja se vingar? O bisturi foi arrancado da sua mão, mas a faca de matar porco você ainda consegue manejar.

— Sim, mas aonde isso leva? O ser humano não deve punir. Quem garante que a morte é o castigo ideal? Talvez a vida seja.

— Não sei olhar para essas coisas a partir da perspectiva teórica mais elevada — digo. — A reação instintiva não raciocina. E o que sobrou de minha reação instintiva anseia por algum tipo de vingança. Mas não, já não quero mais ficar correndo pela rua com uma faca ensanguentada. Não quero punir ou mandar punir um vizinho malvado ou um amigo falso. Aquele que virou a cara estúpida depois da primeira lei antissemita. Na segunda lei, ele entrou em sua casa, arrancou você de seu pai, de sua mãe, esposa, filho; classificou você abaixo de um animal. A dignidade humana que nasceu com você, seu grande direito, essa riqueza, ele pisoteou aqui neste rio de bosta que tudo impregna. Incitou um exército de piolhos contra você. Talvez seja apenas curiosidade — prossigo, em tom questionador. — Como será que eles se comportariam? Numa situação como esta. Será que achariam gostoso comer beterraba forrageira e cascas de batata? Sorveriam a sopa do campo com tanta avidez? Eu gostaria de ver aqui aquele conselheiro de polícia insolente, cheio de restrições, como ele cataria os piolhos, aquela bexiga inchada e aquela cabeça de bagre, que, antes de começar a chamada em Topolya, acrescentava um trocadilho idiota a cada nome que era lido. Estou dizendo, é curiosidade, nada mais.

Para meu desabafo a resposta dele é só um aceno. Coloca um pacotinho em minha mão.

— Polivitamínico. Três vezes ao dia.

— Depois das refeições?

— Em vez de! — Sorri e acrescenta: — Não caia na ilusão de que está em ótima forma. Você pode ter sobrevivido ao pior, mas não tem muita energia dentro de si.

— E dentro de você?

— Também não. Ninguém tem.

Dois beliches mais adiante, alguém dá gritos estridentes. O dr. Farkas parte. Seus tamancos de madeira se prendem na lama. As horas oficiais da morte começaram.

Judovics não pode impor nenhum castigo a Farkas. Então, sempre que possível o prejudica de alguma forma. Diminui sua porção na distribuição e até o acusou, junto ao novo médico-chefe, de ser "agitador".

Em troca, o médico o trata com profundo desprezo. Seus conhecimentos e sua dedicação séria até nossos chefões respeitam. Rapidamente ele se torna uma espécie de oficial de ligação entre magnatas e párias. Também acontece o milagre de ele conseguir intervir em nosso favor.

Em especial, ele tem muito o que fazer no que diz respeito aos escândalos dos cobertores, esses elementos tão vitais, mas que são distribuídos de acordo com o capricho perverso de Judovics. Às vezes dois para uma pessoa, às vezes um para duas pessoas. Se Judovics está com raiva de alguém, ou com raiva, simplesmente manda arrancar o cobertor comum sob o pretexto de desinfecção. Como três quartos das pessoas acamadas estão completamente nuas, esse tipo de coisa não é brincadeira. O resultado da ideia criativa de Judovics com relação aos cobertores é que começa a haver um aumento de casos de pneumonia. Agora isso acabou. Por intervenção de Farkas, o médico-chefe polonês proíbe de uma vez por todas a remoção de cobertores.

Judovics fica furioso, mas é forçado a obedecer. Além disso, o médico-chefe lhe dá umas cacetadas pessoalmente.

É assim que as torturas do cobertor chegam ao fim, e Judovics odeia ainda mais profundamente o médico de fala mansa. Graças à boa índole de Farkas, eu também consigo mais um cobertor. Um grande benefício, porque está um frio arrepiante. Lá fora está vinte graus abaixo de zero. A fraca respiração das centenas de pessoas do bloco A não aquece. No galpão a temperatura é quase a mesma que do lado de fora da janela.

Nossa taxa de mortalidade diária é mais assustadora do que nunca. No lugar dos mortos, chegam novos, que amanhã também morrerão.

Achávamos que nada mais poderia acontecer. Que o instrumento que era este campo teria esgotado toda a sua variedade sonora. Mas aconteceu.

Lembro-me bem desse dia: 21 de fevereiro. Farkas chega em minha cama. Está ainda mais encurvado que o normal.

— Acabamos de examinar um polonês no bloco B. Febre alta, delirando, gritos por água. Num momento de descuido, ele bebeu a própria urina.

Encaro-o, espantado. O que há de tão especial nisso? Por que me conta? Sem me olhar, ele diz baixinho:

— Tifo.

O horror estala nas amargas sílabas da curta palavra. Desnecessário dar uma explicação. Sabemos o que o tifo exantemático significa. Especialmente no crematório frio.

— Certeza?

— Não pode haver dúvida. Cinco de nós o examinaram. Todos os sintomas clínicos são reconhecíveis. A língua é típica.

Claro, a língua, o sintoma típico do tifo exantemático é a língua. Um sintoma inconfundível.

— É um milagre — continua — que isso não tenha acontecido há mais tempo. Parece que os alemães já não ousam nem querem cometer assassinatos diretamente. Os números são altos demais. Execução a frio, é disso que eles precisam agora, para que tenham o mínimo de dificuldades possíveis ao recuar. Querem carregar consigo o mínimo de pessoas.

A raiva sufoca na voz de Farkas:

— Cargas humanas foram mandadas para cá a partir de campos infectados. Um expediente simples e seguro. O período de incubação é de três semanas. Eles trouxeram o contágio para Dörnhau.

— E agora — pergunto —, o que vai acontecer?

— Não vai. Já está acontecendo. Epidemia de tifo. Com tantos piolhos, já deveria ter surgido há muito tempo. Os alemães não esperaram por ela. Deram um empurrão, queriam ter certeza. Os pelotões que partem daqui propagam o contágio, conforme planejado. E amanhã aqui haverá centenas de doentes. Depois de amanhã, milhares.

A sinistra previsão de Farkas se torna realidade com precisão surpreendente. À tarde, já são diagnosticados trinta casos no bloco A.

De novo confusão. Dessa vez os chefões também estão interessados. Contra piolhos não há como se defender, e daqui para a frente os piolhos carregam uma epidemia contagiosa. Nossos cinza estão afobados. Para eles é muito bom se os *Häftlings* morrem, mas agora, tão angustiante como possa parecer, têm a sensação de que foram esquecidos na casa em chamas junto com os condenados à morte.

Fazem tentativas simplórias para se proteger. Por ordem do sanitarista da ss, numa velocidade febril está sendo construída uma cerca de madeira ao redor do bloco dos infectados. Um isolamento muito rigoroso é estabelecido. Somos trancados em uma jaula, mas ao mesmo tempo eles próprios sabem que tudo isso é um engano.

Um novo drama começa. Em poucos dias, centenas de pessoas estão com tifo exantemático. Médicos, *kápós*, *Ältestes*, cinza inclusos. Na verdade, a epidemia também alcança a população civil das aldeias.

Nossos médicos percorrem os leitos três vezes por dia. Medem pulsos. Em caso de febre alta, o paciente é imediatamente transportado para cima, para a parte hermeticamente fechada do bloco B. É onde estão reunidos os que já estão manifestando a doença. O diagnóstico é lamentavelmente rudimentar. Aqueles que apresentam pneumonia avançada, bronquite ou outras causas de febre também são colocados junto a esses doentes. Termômetros, porém, só há três no campo, e os médicos, apavorados, pouco se importam com erros. Metade deles já fez parte dos doentes. Eles "examinam" a três passos de distância, têm um medo louco de todos os piolhos, mesmo sabendo que tudo é infelizmente em vão.

Farkas, por outro lado, parece estar em seu elemento. Na verdade, sente-se revigorado diante do perigo. Endireita as costas encurvadas. Encara a morte, desafia-a diretamente. Não tem medo de se infectar, cuida, ajuda, conforta tanto quanto possível. Mas cada vez pode menos. O sistema de quarentena provoca problemas cada vez maiores na alimentação; o pão minúsculo não faz nem cosquinha.

Nossa cozinha, à guisa de sopa, produz-se uma mistureba cada vez mais vergonhosa; o pessoal do setor também está apavorado.

Os cinza não se importam com nada. Ao meio-dia e à noite, na neve rangente, caminham até a cozinha, evitando ao máximo até mesmo a visão do prédio isolado dos infectados. Nos outros momentos, eles literalmente se entrincheiraram no pavilhão do comando. É nas mãos de Muky e de seu novo parceiro polonês que os fios emaranhados da vida no campo se juntam. Em geral, é nas mãos dos poloneses que recaem as questões relativas à gestão, especialmente os assuntos econômicos. E eles são ainda mais desonestos e gananciosos que os nossos.

A diarreia e a anasarca são devastadoras, mas agora é o tifo que lidera nossas estatísticas. Ele dá cabo da pessoa de forma mais lenta e dolorosa do que as outras enfermidades. Febre alta por dias, semanas, sem grandes oscilações; aprendemos com rapidez que isso é chamado de tifo exantemático. É possível até se recuperar dele — em tese. Se o coração conseguir suportar semanas de temperatura corporal anormalmente elevada, se a infecção purulenta for neutralizada por uma nutrição adequada, se o ambiente do paciente for forte o bastante para — sobretudo nos primeiros dias — suportar o frenesi delirante por água, se… E muitos outros ses…

Dois de nossos médicos do bloco, Farkas e Párdány, afirmam em uníssono que nem todos morrem necessariamente desse tipo de tifo. Tudo depende do coração. Por enquanto não dá para saber ao certo, pois o ciclo da doença em si tem a mesma duração do período de incubação: três semanas.

Essa é uma tensão estranha. Ficar deitado no isolamento do corredor da morte e esperar, a cada momento esperar que um dos milhares de piolhos que pululam sobre meu corpo, e a meu redor, injete a febre em meu sangue. Ficar me questionando: será que o tifo já está incubado, à espreita, dentro de mim? Ficar olhando para a escuridão, ouvindo o coro furioso dos doentes.

Os beliches se enchem e se esvaziam; os mortos e os infectados com tifo são removidos, novos são trazidos para ocupar os lugares. Meus dias são novamente modorrentos; o barulho de minhas noites fica envolto num estado meio sonolento. Agora já nem me lembro mais de como me salvei durante os dias de março, embora a doença ainda nem tivesse tomado conta de mim. Era preciso vencer e derrotar as sucessivas Noites de São Bartolomeu. Com sangue, com os nervos, com força física. Quem esteve lá e voltou para casa sabe que isso só poderia ser feito de uma única forma: fugir para a inconsciência.

O instinto de sobrevivência nos faz entrar num transe. Muitas vezes por horas. Nossa percepção é lerda, nossa consciência, embotada. Vemos, e mesmo assim não vemos; ouvimos, e mesmo assim não ouvimos. Um estado meio adormecido.

Farkas não ri quando lhe confesso isso.

— É exatamente assim que acontece. Uma fuga para o inconsciente. Feliz é aquele que encontra esse refúgio. Eu não posso me permitir tal luxo. Mesmo assim: ser médico aqui em Dörnhau é, apesar dos pesares, a coisa mais bonita.

É obstinado o homem que está diante de mim.

Ele também não está particularmente interessado nas notícias da frente de batalha, mas mesmo assim as leva para todos, incansavelmente. Hoje em dia uma boa notícia é remédio. Representa uma injeção antitérmica, um tônico nutritivo.

Párdány, o outrora médico-chefe destronado, também é surpreendentemente corajoso. Ele também não se esquece de mim; de vez em quando me dá algumas pastilhas de polivitamínicos. Resquícios de sua antiga época de glória.

Bálint não se atreve a descer. Todo o tempo e toda energia de nossos chefões são ocupados com um único objetivo: manter a cama, as roupas e o corpo tão livres quanto possível de piolhos. Claro, isso também é uma miragem. Nos níveis superiores, a proporção de doentes é apenas ligeiramente inferior à dos níveis inferiores.

20.

Do outro lado do arame farpado estão acontecendo eventos decisivos. Colônia caiu no início de março. Os Aliados cruzaram o rio Reno; a batalha por Berlim é intensa. As cidades alemãs em ruínas são bombardeadas com milhares de bombas de dez toneladas. Na segunda quinzena de março, Frankfurt, Mannheim e Danzig capitulam. Depois de passar pela Hungria, as tropas soviéticas avançam pela Áustria e estacionam diante de Viena.

Com certeza isso já é o fim. Não só o nosso, mas também o de nossos algozes. Fico observando os cinza, indiferentes. Arrastam os pés com suas marmitas na mão; ainda estão fazendo exercícios no pátio. Movimentam-se para lá e para cá, se organizam. Qual é a expectativa deles? De que tipo de milagre eles esperam uma reviravolta favorável?

Com a chegada da primavera no calendário, um novo barulho explode em meio à cacofonia de barulhos do crematório frio. Tiros de canhão!

É até difícil acreditar. Confundimos os repetidos estampidos abafados com trovões no céu, explosões, sabe-se lá que diabos é aquilo. Pois parece impossível. Já? É verdade que vimos os fugitivos, ouvimos dizer que havia combates em torno de Breslau, mas Breslau fica longe.

Ernő Brüll começou a ter febre há dois dias, a maior parte do tempo fica deitado inconsciente, mas agora também está prestando atenção. Chega a levantar a cabeça; em seus olhos, o brilho da consciência.

— Devem estar a uns dez quilômetros daqui — concluímos finalmente.

Mal podemos esperar por Farkas, Párdány, alguém que possa saber de alguma coisa. Temos sede de novidades, ansiamos por certezas. A proximidade da virada faz vibrar as paredes úmidas, gotejantes. O feitiço magnético da esperança brilha nos primeiros raios do sol do início da primavera.

A certeza chega. As tropas soviéticas estão diante de Schweidnitz. Essa pequena cidade industrial da Silésia fica a sete quilômetros de onde estamos.

Nossos guardas da ss ainda parecem obstinados. Circulam pelo pátio, observam pensativos as colheradas da ração militar, fumam um *mahorka* forte, num cachimbo curto de madeira. Como tem ocorrido nos últimos tempos, não nos dão a mínima, mas todas as noites a única saída é cuidadosamente fechada. Seus guardas armados mantêm vigília noturna. Às três da manhã, os trabalhadores da cozinha têm que gritar a senha do dia, do lado de dentro, para poder sair. Só assim o pesado portão de carvalho é aberto.

Em comparação, nossos chefões estão cada vez mais irrequietos. Sentem na pele o ódio incomensurável por eles que queima em seus ossos. E, assustados, viram a cabeça para os lados ao ler uma ameaça sinistra nos olhos voltados em sua direção.

Judovics compra cintos e manda alfaiates fazerem uma mochila. Aquele ex-sapateiro entre os *Schonungs* de repente tem uma carreira. Da noite para o dia ele se tornará um milionário do açúcar e do tabaco. Contrata um serviçal, recebe um beliche exclusivo e um traje civil completo. Embora sorria às escondidas, muitas pessoas conhecem o segredo de sua carreira inesperada: ele embute ouro derretido em saltos de sapatos. Em Dörnhau, o capital está inquieto.

E os russos estão posicionados em Schweidnitz.

Infelizmente, o tom desalentador da notícia logo chega aqui: eles estão parados! Depois de dois dias, os canhões silenciam. Não compreendemos. Os oficiais de nosso campo também não entendem. Dizem que os libertadores pararam e se enfiaram em trincheiras em Schweidnitz. Podemos esperar.

Outros ouviram dizer que Dörnhau não está, de forma nenhuma, na rota do avanço soviético. Passaram ao largo.

Ambas as versões são igualmente deprimentes. Recebemos o novo golpe com resignação. O pássaro azul: a esperança dos beliches de novo passa longe. A luz do instinto de sobrevivência gradualmente vai se apagando no bloco A.

Desiludidos, nós nos ocupamos catando piolhos. Sentimos que a última chance se reduziu a nada. Os moribundos, de novo, não querem viver; não se agarram mais convulsivamente ao último fiapo de consciência.

Inanição, anasarca, tifo…

Decepção, o despertar da consciência dá calafrios… A apatia volta a tomar conta, escapar da realidade, fechar-se sobre si mesmo, em estado semiconsciente.

O pessoal responsável pelo campo adia o desmonte. Os transportes já não chegam, e também não partem. O lugar de nossos mortos não é ocupado por recém-chegados. A superlotação diminui a um ritmo alarmante, os beliches estão se esvaziando.

As refeições também já não são mais regulares. A cozinha só funciona ocasionalmente, mesmo assim só preparam sopa do campo. Recebemos pão a cada dois dias. Os estoques de alimentos estão acabando e já não há como fazer reposição. Para compensar, diariamente ganhamos duas colheres de sopa de açúcar, do qual, ao que parece, o estoque é maior. Mas para pessoas com diarreia ele é um veneno, mesmo assim elas o devoram com avidez. Resultado: aumento das mortes por diarreia.

Somos menos de trezentos no bloco A. A cada 24 horas, entre quarenta e cinquenta de nós são levados pelas noites de terror. Outros dez a vinte vão parar no bloco isolado do tifo.

Ernő Brüll também foi levado. Sua febre subiu para 41 graus. Os olhos anuviados do pobre Ernő agora estão a verter lágrimas quentes, no sentido literal da palavra.

À minha volta, todos já foram levados. Sinto o momento exato quando chega minha vez. Recebo-a como inevitável quando uma fadiga entorpecida toma conta de mim no dia 20 de abril. Até certo ponto, todo mundo está sempre febril na fábrica da morte, mas essa febre é diferente. Tifo!

Minha consciência vai se esvaindo rapidamente. O olho é a tânagra dos fantasmas, o bloco é um espelho distorcido. Lá em cima, perto do teto, no lugar do volante desmontado uma manivela do diabo está girando. Numa nuvem de espuma corpos astrais borbulham: esqueletos de homens. A febre está apertando uma talhadeira contra minha têmpora.

O rosto pálido de Farkas emerge da neblina. Está à procura de doentes com tifo; está fazendo a verificação diária do pulso. Ele se inclina sobre mim, posso sentir seus dedos frios em meu pulso. Sua voz vem de longe:

— Mostre a língua!

Chama Párdány. Eles compartilham um dos três termômetros do campo.

— Quarenta graus e dois décimos — diz Párdány, e mais baixo acrescenta: — Parece que, afinal, estamos todos nos esvaindo.

Farkas escuta, mas não larga a maca em que estão me carregando escada acima.

Pessoas e objetos são derrotados. O tifo é como os óculos cor-de-rosa da infância. Minha consciência está voltando, inclusive mais alerta do que lá no bloco A. Com mais de quarenta graus de febre, minha têmpora não é mais uma bigorna para o martelo infernal. A doença proporciona um descanso tranquilo e agradável na primeira semana. Em especial, a sede em geral presente também não me incomoda. Estou leve e alerta. Como alguém que deu uma espiada aqui por curiosidade, posso assistir à loucura violenta da febre. Observo o ritmo das convulsões daqueles que estão atacados. Ouço os gritos, os balidos, os gemidos daqueles que humilde e timidamente imploram por água. Observo os que se mutilam e o mais terrível: o tamanduá.

O tamanduá está deitado sobre dois beliches. Um grego franzino, com cara de mulher velha. Não se debate, não se ouve sua voz. Mas a todo momento se deita sobre a serragem. Mostra a língua branca e rachada e lambe os piolhos que pululam embaixo dele. Seu barulho é irritante.

Os dias se alternam um após o outro e percebo com espanto que minha transição nem é tão difícil. Existem outras, mais dolorosas. Durante quinze dias quase não me alimento. Farkas examina minha carótida:

— Acalme-se — incentiva —, seu coração aguenta. Isso é o principal. Você vai sarar.

— É importante? — pergunto, sem esperar resposta.

Mas o médico responde:

— Agora já é… sim!

Quero me sentar. Nos lábios de Farkas vejo um meio sorriso. Sem dúvida, há novidades.

— Você sabe de alguma coisa?

— Hitler morreu.

Brüll, que estava delirando uma semana atrás, cuja febre já está diminuindo, como se fosse empurrado por uma mola, dá um pulo. Suas lágrimas irrompem como se um botão tivesse sido apertado. Agora são lágrimas de alegria...

— Morreu? Foi morto? O que aconteceu?

Fico desconfiado. Talvez Farkas esteja nos enganando. Misericordiosamente mentindo para um moribundo.

— O quê? Provavelmente apenas isso: a guerra acabou. Segundo a rádio inglesa, ele se suicidou. Isso é o mais provável. A queda de Berlim pode acontecer a qualquer minuto. Potsdam capitulou. Mussolini foi capturado por guerrilheiros italianos e enforcado em público. E aí? O que mais você quer?

Estamos agora totalmente despertos.

— Como você sabe? — cercamos Farkas.

— Os próprios guardas da ss estão contando essa história. Ultimamente eles andam mais mansos. Estão perdidos e não sabem o que fazer.

— Mas eles ainda estão aqui?

— Sim.

— E os russos? Ainda estão em Schweidnitz?

— Estão. Mas outras colunas também estão avançando.

Desanimado, digo:

— Se eles estivessem perto, ouviríamos o bombardeio.

Ainda assim, as notícias me enchem de energia. Sarar... Permanecer vivo. Agora sim, permanecer vivo...

Bálint manda um recado, não se atreve a subir, deseja melhoras e perseverança. E manda um pouco de açúcar e de margarina.

Meu dedo está fino como um fósforo, minhas juntas são visíveis. Amasso o açúcar, a margarina, sobras de pão, tudo... não tenho apetite, mas agora seria uma pena mesmo se...

Surpreendentemente, a taxa de mortalidade daqueles que adoecem começa a diminuir. Da mesma forma, é uma sorte que a epidemia não seja da pior espécie possível. Em média, um em cada três pacientes se recupera. Já há gente sem febre entre os que tiveram a doença primeiro. De acordo com Farkas, isso é obra da primavera. O calor de maio não favorece a propagação da epidemia.

Os curados são liberados da enfermaria de tifo. Podem ir para seu antigo bloco, o que, aliás, não lhes agrada. Minha temperatura, depois de ficar em média nos quarenta graus durante dezessete dias, se estabiliza em torno de 37. Ernő também melhora.

No dia do aniversário de nossa chegada a Auschwitz, 1º de maio, nós dois voltamos cambaleantes para o bloco A. Na curta viagem, percebo de novo, com pavor, que operação complicada é o ato de caminhar. Farkas arranja lugar perto da própria cama. Ainda não estou totalmente livre da febre, mas parece que superei a coisa. Lá em cima novos pacientes precisam do espaço.

Atualmente somos cerca de duzentos no bloco A. Faz dias que não recebemos pão. Em vez dele, recebemos sopa duas vezes por dia e açúcar. Aqui nada emite sinal de uma eventual libertação próxima. O moinho mói, a máquina gira, do mesmo jeito que há três meses. A inquietação das últimas semanas também diminuiu, aliás um dos pelotões saudáveis está sendo mandado para trabalhar lá fora novamente.

A sujeira e a fome seguem inalteradas. Para piorar as coisas, começam a surgir casos de febre tifoide. Doença misericordiosa; não faz rodeios. Em questão de minutos toma uma decisão extática, em questão de horas está tudo acabado. Párdány e Bálint pegam o tifo exantemático, apenas Farkas resiste, como se estivesse protegido por um poder superior.

Pelas frestas da grade da janela o mês de maio vai se infiltrando lentamente. O pátio se enche com gente tomando banho de sol. Aqueles que têm energia para tal se agacham ao ar livre. Nós, os acamados, suportamos com mais dificuldade o fardo de estarmos pregados à cama, pois o vento carrega o cheiro da primavera e nuvens leitosas desfilam no fresco céu azul.

Espera silenciosa no crematório frio. Nas enfermarias esvaziadas, pessoas, piolhos e sofrimentos estão mudos. Desmontam a grade em volta de nossos beliches. Rapidamente percebo que isso é desnecessário.

Os chefões, silenciosos, passam apressados na direção da latrina, para fazer seu trabalho. Depois, sem nos dar a mínima, desaparecem novamente. Dos cinza, só vemos a silhueta do guarda do portão com seu capacete de batalha, e o passo de espera do vigilante com metralhadora fica batucando no chão de madeira da torre de observação. O pessoal da ss já desistiu também da comunicação. Já não dão mais notícias. Eles se amontoam, taciturnos, em seu território; até sua comida tem que ser levada lá.

O tabaco desapareceu faz muito tempo. É curioso, mas de novo não sinto falta. Também já não pensamos em comida com tanta sofreguidão. O estímulo da fome se dissolve na ansiedade da espera. Sentimos que estamos consumindo o restante do combustível de nosso corpo. O que ainda aquece o coração é a última reserva.

Sentar não consigo, mas minha visão está bem nítida. Meus sentidos vigiam, minha compreensão é ágil.

Farkas agora é meu vizinho de cama. Juntos, ouvimos a cacofonia arrepiante das noites, espionamos no escuro; aguardando sinais lá de fora. Esperamos sons: de canhões, de granadas, algo que indique futuro.

Não temos mais notícias; todo contato com o mundo exterior foi cortado. No dia 3 de maio, os cinza não permitem nem mesmo que os *Häftlings* levem comida para o prédio da diretoria. Eles próprios carregam os caldeirões.

Judovics não aparece. Mudou-se lá para cima, para um dos

quartos dos oficiais. Miklós Nagy está com tifo. De todos os blocos os chefões estão carregando coisas. Passam o tempo todo reunidos, confabulando sem parar. De novo, preparativos febris estão em andamento.

No dia 5 de maio não dormimos até o amanhecer. Como tem acontecido há dias, passamos a noite conversando baixinho. Da janela oposta entra o feixe de luz da lâmpada da torre de vigia. São três horas da madrugada, é nesse horário que o pessoal da cozinha começa a trabalhar. De acordo com as regras do campo, eles gritam para o sentinela, que então abre o portão.

Agora também se ouve o grito prolongado:

— *Herr Posten aufmachen! Drei Uhr! Küchenarbeiter hier!**

Eles também gritam algum tipo de senha.

O vigia sempre abre o portão na primeira chamada, mas agora está inexplicavelmente atrasado. O pessoal da cozinha, impaciente, bate no portão. Nenhuma resposta por longos minutos. Alguém toma a iniciativa, pega a maçaneta e a empurra para baixo.

O portão se abre, não estava fechado.

Esta noite, pela primeira vez depois de tantos meses, estamos livres novamente. Sem que ao menos tivéssemos conhecimento disso…

Os homens se precipitam para fora. Também não há ninguém na frente do portão externo. O farol da torre de vigia está ligado, mas o sentinela não foi encontrado em lugar algum. O prédio da administração também está vazio, e o da equipe do trabalho externo também. Tremenda bagunça nos quartos, vestígios de arrumação apressada, desordenada. O campo está vazio.

Gritos em meio a lágrimas irrompem das gargantas e invadem o corredor da morte:

— Fugiram! Os cinza fugiram!

---

* "Abra, senhor vigia! Três horas! Trabalhadores de cozinha aqui!", em alemão.

228

— Estamos livres!… Estamos livres!…

Os blocos acordam, de sobressalto. Um fluxo desenfreado toma conta de tudo; uma enxurrada de sons inarticulados. A noite do choro convulsivo é ondeada pela aurora de maio. O amanhecer da libertação lança um feixe de luz no crematório frio.

Os guardas fugiram!

Quem consegue corre para fora. Meses de ordem se desmancham no nada em um minuto. A disciplina com chicotes e revólveres se transforma em raiva e fúria. O *kápó* não é mais *kápó*, o carregador de balde de merda não é mais carregador de balde de merda.

Centenas fazem arrastões nos armazéns. Arrombam os quartéis, tudo o que encontram ou devoram ou espalham por todos os lados. Outros fazem um arrastão no depósito de armas e roupas. Multidões uivantes se prensam contra as portas. Metralhadoras, rifles, uniformes, botas, revólveres, máscaras de gás, cassetetes de borracha, cartuchos e granadas de mão são empilhados em montanhas.

Rezam e atiram, praguejam e se abraçam, choram e riem… Sons incoerentes irrompem de todas as coisas e pessoas. Casa de loucos furiosos!

Uma fogueira arde no meio do pátio. As labaredas que queimam os papéis do escritório da ss sobem altas para o céu. Todos se armam até os dentes. Ernő se equipa com uma metralhadora e no cinto traz penduradas granadas de mão. Uma visão que faz sorrir: um Tartarin* armado e trêmulo. Suas lágrimas agora caem sobre a cabeça da metralhadora.

Entre vinte e trinta pessoas agarram bicicletas abandonadas. Vão para Wüstegiersdorf para examinar a situação. Ninguém se

---

* Referência a Tartarin de Tarascon, personagem do autor francês Alphonse Daudet.

importa conosco, mas a euforia toma conta também de quem está deitado. Eu me levantaria, mas não consigo. Depois de alguns passos, de novo e de novo caio. Mal consigo me arrastar de volta para a cama.

São oito da manhã quando o caos de alguma forma se acalma. Nessa hora, acordamos com uma surpresa estonteante. Nossos algozes impiedosos e mais odiados: os assassinos com cassetetes, os traficantes de ouro, os pisoteadores com chicotes de couro, contra quem o desejo coletivo de vingança era o maior de todos, sem exceção e sem deixar vestígios, desapareceram na agitação da noite. Sem mencionar o que carregaram consigo: exatamente como planejaram tudo, meticulosamente, com bastante antecedência. Mais ainda, até se abasteceram de armas, comida e marcos alemães. Não foi difícil. Os lacres dos maços de cédulas do tesouro nazista estão aos montes espalhados no pátio. Judovics desapareceu com seu amante, assim como o *Lagerälteste* Muky, Miklós Nagy, que sumiu de perto dos doentes de tifo, e quase todos os *kápós* poloneses.

No entanto, além do saque e da culpa, todos eles levaram consigo o tifo encubado. A doença irrompeu entre eles no caminho; passaram meses em hospitais e com camponeses. Muitos morreram.

Os chefões menos comprometidos trataram de arrancar as braçadeiras bordadas e tentam se misturar à multidão.

Em vão procuram tabaco e cigarros, encontram apenas algumas caixas de charutos alemães extremamente fortes. Também recebo um, mas depois de algumas baforadas sentindo-me tonto, jogo-o fora. Por outro lado, os cinza estocavam vinho, licor e aguardente em abundância. Logo centenas ficam bêbados; pessoas fracas são rapidamente esmagadas pelo álcool. Gritos de guerra se misturam aos sons de alegria.

Alguém cambaleia na frente dos beliches e enfia um Virgínia

aceso no canto da boca de um cadáver fresco. O sujeito ri com vontade, estufa as próprias bochechas com geleia.

Não, não sou melindroso, mesmo assim tenho que me virar para o outro lado. Se eu tivesse uma arma, sem hesitação teria atirado no canalha. Sinto ânsia de vômito e calafrios.

Só muito tempo depois consigo me acalmar. Procuro a justificativa não para o animal bêbado, mas para mim, para todos nós. Talvez não seja de admirar que nesses momentos irrompam os piores instintos, cujas sementes foram tão cuidadosamente regadas durante seis anos pela barbárie paranoica.

Também procuro entender que na primeira tempestade da embriaguez os incapacitados não recebam nem comida nem cuidado. Os acamados estão mais abandonados do que ontem, os moribundos estão morrendo de forma mais lamentável. No entanto, os assaltantes dos armazéns estão mergulhados até os joelhos em açúcar, batatas e enlatados.

Está anoitecendo no primeiro dia livre. Esperamos pelos libertadores, mas eles não chegaram. Não vieram pela manhã, nem à tarde, nem à noite. Às três horas, aqueles que foram de bicicleta e a pé até Wüstegiersdorf retornam, totalmente carregados. Também trazem três carros de passeio. Encontraram os carros sem dono na aldeia e requisitaram os pequenos Opels em bom estado.

Wüstegiersdorf está deserta. A população, com exceção de alguns idosos e doentes com tifo, fugiu. Apenas o perplexo e aterrorizado prefeito permaneceu para receber as tropas que marchassem por ali. No entanto, nem por lá elas apareceram. Casas, lojas, oficinas abertas. A sede local do Partido Nazista foi despojada de sua decoração; as bandeiras e cartazes com suásticas desapareceram.

Farkas também esteve lá. É ele quem conta:

— As poucas pessoas que ali ficaram não têm ideia de que os russos estão aqui. Por outro lado, me convenci de que minha velha teoria estava correta: os nazistas não são apenas assassinos. São covardes também. É nojento seu jeito bajulador, é nojento o que fazem. Para demonstrar sua desaprovação, eles rasgam e cospem nas fotos de Hitler diante de nosso nariz. Têm a cara de pau de afirmar, e até mesmo jurar, que não tinham ideia do destino a que estavam submetidos milhares de pessoas nas redondezas. Todos pensavam que éramos um campo de prisioneiros de guerra comum. É claro que dizem que não tinham ideia de que milhões estavam sendo aprisionados à força. Tudo isso é, obviamente, uma mentira deslavada, pois há um campo de mulheres a apenas três quilômetros dali. Impossível que não soubessem...

Os prisioneiros de Dörnhau não resistem à oportunidade. Durante anos foram privados de bens pessoais, agora são tomados pelo desejo de possuir. Coletam coisas inúteis e desnecessárias de maneira indiscriminada, sem objetividade. Eles se curvam sob o peso de mochilas, malas, sacos, sacolas. Saqueiam calculadoras pesadas, máquinas de escrever, instrumentos médicos, pesadas lanças de máquinas têxteis. A maioria das coisas eles já jogam fora no meio do caminho. Pesado. O espólio espalhado e abandonado se acumula na estrada. Por outro lado, quase não levam comida. As despensas alemãs não são ricas.

Do lado de dentro do arame farpado: anarquia. O pessoal da cozinha — compreensivelmente do ponto de vista deles — se recusa a trabalhar, embora os armazéns destruídos contenham víveres para vários dias, exceto pão. Do grupo dos saudáveis e daqueles doentes que estavam em condições de andar, a maioria dos faxineiros, carregadores de cadáveres, carregadores de baldes e transportadores de alimentos já se foram. Os que permanecem aqui andam para cima e para baixo com granadas de mão e metralhadoras. Somente a consciência poderia obrigá-los a continuar seu trabalho.

Farkas e alguns dos outros médicos reconhecem os perigos

do *ex lex.** Estamos falando de pessoas com tifo, imobilizadas e moribundas que talvez pudessem ser salvas. Porque agora estão morrendo de fome, mais do que nunca.

Eles reúnem alguns homens, tentam fazer com que formem algum tipo de arranjo temporário que organize a cozinha e execute as tarefas diárias até a chegada das equipes de libertação. A limpeza seria especialmente importante. O rio amarelo entre os beliches está aumentando, chegando à altura dos joelhos. As medidas preventivas, mesmo que rudimentares, contra o tifo exantemático foram abandonadas. Seria uma questão de interesse comum.

Tais argumentos se perdem no vácuo. Tudo é inútil, tudo permanece como antes.

No dia seguinte, Kaltwasser e outros campos da região começam a despejar os companheiros de infortúnio. Eles foram libertados ao mesmo tempo que nós. O pessoal da ss, ao que parece de acordo com um plano previamente elaborado, se retirou simultaneamente de todos os campos de concentração da região. De todo lado chegam pessoas que estão mais ou menos em boa forma e que decidiram no primeiro dia partir a pé para casa pela estrada desconhecida. Até agora, as tropas soviéticas não apareceram em parte alguma; o tifo exantemático apareceu em todos os lugares.

Eles falam com entusiasmo sobre as grandes experiências do dia anterior, uma série de confrontos selvagens com os chefões. Em todos os lugares, os oficiais do campo não fugiram com tanta facilidade como em Dörnhau. Em Kaltwasser, o odiado *Lagerälteste* foi condenado formalmente à morte e pendurado no meio do pátio. Ele pediu tempo para fumar um cigarro embaixo da forca. O pedido não foi atendido.

Muitos sanguessugas que escaparam do campo foram per-

---

* "Sem lei", em latim.

seguidos e, como os fugitivos também portavam armas, foram mortos em tiroteio.

Quase todos dos campos não hospitalares partiram. Para onde? A resposta a essa pergunta é unânime: para casa!

Como? Ninguém sabia responder. Os escravizados das galés não conheciam nem sequer a região mais próxima, nem sabiam se havia alguma unidade alemã nas proximidades.

O tifo encubado dizimou esses que partiram primeiro. Em geral a empreitada foi interrompida por meses, ou até para sempre, em um hospital ao longo do caminho. Eles não pensaram em tudo, não sabiam, não se importaram...

Na tarde do segundo dia, Farkas também parte, junto com Brüll. Ernő sempre esteve em condições muito melhores do que eu; antes de ter contraído tifo ele nem ficara acamado.

— Não tenho outra opção — afirma o médico, de forma bem racional. — O primeiro sanitarista ou médico russo que pisar aqui, obviamente, antes de mais nada colocará o campo em quarentena. Na melhor das hipóteses, isso significa uma permanência forçada por semanas neste maldito ninho de ratos que está totalmente infectado. Qualquer pessoa que ainda não tenha sido contaminada pelos piolhos irá pegar a febre, mais cedo ou mais tarde. Além de tudo isso, o início da repatriação institucional pode demorar meses ou até um ano. É preciso aproveitar a conturbação do primeiro momento, depois as coisas ficam mais difíceis.

Tenho que lhe dar razão.

— Não fique zangado — continua —, eu sei que isso cheira a traição decepcionante. Quebrei muito a cabeça tentando encontrar um jeito de levar você comigo.

— Naturalmente, não há como.

— Infelizmente. Você não aguentaria o caminho. É uma situação lamentável, mas o que posso fazer?... — ele pronuncia as palavras com dificuldade. — Você sabe o que significa ir para casa, poder voltar para casa... Que Deus o abençoe!

A despedida é curta. Ernő Brüll está aos prantos. Nós nos abraçamos e nos beijamos. Trocamos endereços, com pouca convicção. Endereços, destinos, vidas, quem sabe que rumo tomarão?

Deixam comida para dois dias em minha cama. Vem a calhar, pois ainda é incerto quando os libertadores chegarão. Será que vêm mesmo ou definitivamente saímos de sua rota? Nesse caso, o futuro imediato dos incapacitados é de fato imprevisível.

21.

O campo feminino foi libertado. Dörnhau fica no caminho de muitas mulheres que estão partindo. Elas estão em melhores condições do que nós. A maioria já conseguiu roupas decentes.

É uma noite difícil no bloco A. Somente os incapacitados e os moribundos ficaram no local. Os outros, se não partiram, pelo menos se mudaram para os quartos que os guardas da ss desocuparam ou tomaram posse de uma casa abandonada na aldeia.

A solidão é deprimente e inconsolável. Temo pela vida que está prestes a se extinguir. Partir agora seria uma injustiça terrivelmente inútil... Estar incapacitado é irritante. Gostaria de me mover, me afastar. Com os dentes cerrados, tento andar, repetidas vezes. Penso em Farkas e Brüll com inveja, e ao mesmo tempo sinto falta deles. Também dos outros rostos sinto falta. E de todos com quem um dia conversei. Agora já não conheço ninguém; pessoas que nunca vi estão à minha volta agora.

Em 24 horas, como num apertar de botão, surge uma nova aristocracia. Os efêmeros imperadores deste interlúdio. Aqueles que conseguiram juntar o saque mais valioso. Os cavaleiros das melhores roupas, de mais alimentos em conserva. Um exército de lacaios prolifera imediatamente ao seu redor.

Claro, tudo isso é uma miragem, um rei de Pentecostes.* Junto com a anarquia, esvai-se no nada. Porque pela manhã finalmente os libertadores chegam.

Silencioso, quase sem ser percebido, o primeiro soldado soviético aparece na porta do bloco. É um oficial. Um rapaz loiro, de rosto vermelho. Atrás dele estão cinco soldados armados. Entre eles, uma garota; embaixo do chapéu militar, seus cabelos ondulados transbordam. Passos fortes sacodem as metralhadoras cruzadas na diagonal.

Novamente se ouve o som de gritos, olhos estão marejados. Esqueletos estendem os braços atrofiados; urros de vivas e soluços...

O oficial para no meio do recinto. Agora passa o olhar ao redor, absorve a visão. O bloco A é chocante, ser humano algum jamais viu uma imagem como essa. Ele caminha dentro da lama e se aproxima das camas. Seu corpo todo treme.

Centenas falam ao mesmo tempo. Queixas se elevam aos céus em húngaro, alemão, iídiche e línguas eslavas; gritos de socorro são lançados na direção dos libertadores...

Os soldados soviéticos observam petrificados o corredor da morte. Seu primeiro impulso, seu primeiro pensamento: dar... Abrem suas mochilas e espalham o que têm sobre nossas camas. Jogam pão, salsicha, tabaco e rum. A garota espalha um sorriso reconfortante.

— Cães abomináveis — o oficial sacode o punho. Suas feições se contorcem de horror. — Merecem misericórdia aqueles que criaram este inferno? Não e não!

Seus companheiros acenam com a cabeça. Arde o ódio pelo

---

* Antigo hábito europeu em que um jovem era escolhido para ser rei por um dia durante a Páscoa.

inimigo fascista que foi perseguido através de três países. Seus dedos fervem sobre as metralhadoras.

A garota passa entre as fileiras de camas, e de leve vai acariciando o rosto e a testa dos sofredores com as mãos gentis. Ela não tem medo da epidemia.

O oficial fala conosco. O intérprete traduz para o alemão: anuncia que dentro de algumas horas chegarão esquadrões de médicos com as tropas. Imediatamente iremos obter toda a ajuda de que necessitamos.

— Abaixo o fascismo! Vida longa à liberdade! — É com essas palavras que termina seu breve discurso de soldado.

De fato, duas horas depois as equipes socorristas chegam: médicos, enfermeiras, um pelotão de sanitaristas. Farkas previu corretamente, a quarentena é de imediato declarada. Acabaram as partidas individuais para casa. Mais tarde, chegam mulheres alemãs, que foram reunidas às pressas, e começam o serviço de limpeza e de cozinha. O prefeito de Wüstegiersdorf recebe uma ordem para diariamente entregar ao campo uma quantidade adequada de leite, ovos, carne e farinha.

Três dias depois, aqueles que já superaram o tifo são transferidos para o prédio da escola, convertido em hospital de emergência. Trazidas não se sabe de onde, são designadas médicas alemãs, que, com o terror da consciência pesada, andam meio inseguras entre nós, sem ajudar muito.

Venho parar aqui, na sala de aula da classe IV/B da escola primária de Wüstegiersdorf, agora um quarto de hospital. Cama limpa, pijamas, comida comestível, remédios, livros e jornais representam um éden improvável...

No meio do quarto, sobre uma longa mesa, um buquê de flores silvestres sorri. O sol da primavera espalha seu calor dourado através de três janelas espaçosas. Abaixo de nós, no cascalho da rua principal, eles marcham dia e noite. Pessoas, canhões, tanques, motocicletas, carros, carroças... O chão treme sob os caminhões equipados com lançadores de foguetes Katyusha.

Artilharia, cavalaria, infantaria, forças mecanizadas soviéticas. Tropas do Exército polonês, guerrilheiros tchecos de blusa amarela, húngaros de braçadeiras vermelhas, guardas civis armados. Trazem consigo a liberdade.

E — isso também é felicidade — não estamos mais na Alemanha. A Silésia voltou a ser terra polonesa. Há dois dias Wüstegiersdorf recebeu de volta seu antigo nome polonês. A partir de agora, é denominada Gierzcze Puste.

Liberdade...

Comitês e jornalistas chegam de Praga, Varsóvia, Boroszló e até de Budapeste. Fotojornalistas circulam apressados, os enviados especiais tomam notas, se organizam. Ouvimos detalhes sobre o cerco à capital húngara, a heroica batalha de Belgrado, o calvário de Varsóvia e a queda de Berlim, que ficou em ruínas.

Observamos quem vem de fora com estranheza, esses homens de sorte improvável, esses felizes, que nunca tiveram que vestir os trapos listrados. Eles têm nome e sobrenome, em seus dedos brilham alianças, não têm piolhos. São marcianos vindos do universo além do arame farpado.

Uma enfermeira russa de cabelos brancos, a camarada Tatjana, dirige o hospital de emergência. Gentileza, bondade pura e cautela atenciosa. Ela fala em russo, respondo em sérvio; de alguma forma, entendemos as palavras um do outro.

Estou novamente com febre. O alvoroço da libertação não passa por mim sem deixar vestígios. Os grandes acontecimentos tiveram um impacto sobre minhas forças.

A enfermeira Tatjana fica balançando a cabeça cada vez que mede minha temperatura. Ela me faz engolir um monte de pudins cor-de-rosa, amarelos e brancos e prepara remédios. Em seu sorriso paciente e idoso, brilha a mãe eterna. Da música das frases rápidas do russo, sempre se ouve uma palavra: *Svoboda*.*

Liberdade! É com esta palavra que a enfermeira Tatjana me anima a viver.

Sim, liberdade... Liberdade em todos os lugares e em todas as coisas.

Bem em frente, do outro lado da rua, a liberdade brilha nas confusas letras góticas da placa da estalagem da aldeia. A liberdade sorri para si mesma no reflexo do esmalte vermelho das estrelas dos bonés. Há liberdade no silêncio, liberdade nos sons...

Mais abaixo, uma rua de vilarejo faz uma longa curva. Acima da interminável coluna de homens e canhões, uma melodia de escala ampla e arrebatadora se espreguiça e brilha: a *Internacionálé*.

Estão cantando.

* "Liberdade", em russo.

József Debreczeni e seu sobrinho, Alexander Bruner.

Epílogo

Alexander Bruner

Sem que Debreczeni tivesse conhecimento na época, poucos dias antes de ele mesmo ser deportado para Auschwitz, seu pai, Fabian, escreveu sua última carta — um bilhete para um conhecido não judeu, que está agora preservado no Museu Memorial do Holocausto dos Estados Unidos —, lamentando a dispersão da família e expressando sua esperança de que "pelo menos alguém possa ser minimamente informado sobre como está a situação por aqui... é possível que dentro de uma hora eles venham me buscar". Fabian, sua esposa Sidonia e a esposa de József, Lenka, foram todos assassinados, mas József cumpriu o último desejo do pai: quando *O crematório frio* foi publicado pela primeira vez em 1950, uma resenha apontou-o como "a acusação mais implacável jamais escrita sobre o nazismo".

O trabalho literário de József deu uma voz humana para a história. Em um poema chamado "Falo com meu pai" ele pergunta: "Onde está a punição sangrenta? Os céus não estão enfurecidos?... Quem irá castigá-los?". József previu, de forma precisa e assustadora, as formas diabólicas que poderiam levar à "normalização" do Holocausto, em vez de ser reconhecido como um crime sem igual, em que um estado industrial moderno tentou — de forma amplamente bem-sucedida na Europa — aniquilar um povo. Ele sabia que para os judeus havia o antes e o depois, e nada jamais seria "normal" outra vez.

Instintivamente compreendeu que os perpetradores tentariam esconder-se atrás de novos "uniformes" e que, após a indignação inicial do mundo pós-guerra, adviria a tendência de negar a especificidade e a enormidade do genocídio contra o povo judeu. Nas décadas que se seguiram, lutou contra as formas cada vez mais insidiosas como a memória do Holocausto era explorada.

Meu tio está enterrado em Belgrado, e no alto de sua lápide há uma fênix de bronze criada por Nandor Glid, um amigo e também sobrevivente do Holocausto, mais conhecido por suas obras em Yad Vashem, Dachau e Mauthausen. *O crematório frio*, tal como a fênix mitológica renascendo das cinzas, é testemunha e alerta as gerações futuras.

Quando eu era adolescente, meu pai, Mirko Bruner, irmão mais novo de József, compartilhava sua frustração por não ter conseguido traduzir a obra para uma língua universal. Eu lia o livro, muitas vezes precisando abandoná-lo, pelo enorme impacto emocional que a leitura gerava. Em momentos como aqueles, eu repetia para mim mesmo: o mundo precisa saber. Existem milhões de histórias que nunca serão contadas, mas com relação a esta, posso fazer diferença.

Devo profunda gratidão ao meu próprio pai, que, trabalhando como diplomata iugoslavo em Washington, na década de 1950, fez inúmeras tentativas de atrair o interesse de editoras americanas para que traduzissem e publicassem o livro em inglês, apenas para ser rejeitado a cada passo. Foi ele, mais do que qualquer outra pessoa, quem despertou a minha determinação de tornar essa obra-prima "perdida" amplamente disponível para a posteridade.

Posfácio

A língua da verdade

Michel Laub

"O longo comboio era composto de vagões de carga baixos, com identificação alemã."

Essa é a primeira frase de *O crematório frio*. Ou melhor, a primeira frase que leio do livro publicado pelo romancista e jornalista József Debreczeni em 1950. Ou ainda, a primeira frase que leio em 2024 do que Debreczeni escreveu algum tempo (meses?, anos?) antes de mandar o texto para seu editor original, e algum tempo (meses?, anos?) depois de ter vivido a experiência que, reelaborada pela memória, seria transformada num arranjo que obedece às convenções do idioma húngaro, e que três quartos de século depois seria traduzido por Zsuzsanna Spiry segundo as convenções do português.

A sequência de frases poderia se estender. Por exemplo: daria para esmiuçar o fato de que leitores brasileiros de hoje chegam a esta obra depois de já terem lido outros livros, assistido a filmes, tido conversas sobre o tema tratado nestas páginas, o que gera em nossa sensibilidade um impacto diverso daquele que teve, digamos, um leitor húngaro de meados do século xx — dado o então ineditismo desse tipo de relato, a proximidade com os eventos narrados, a relação direta dos eventos com a história então recente da Hungria.

Tudo isso para dizer, como sempre precisa ser dito de textos memorialísticos sobre a Shoá — o genocídio de 6 milhões de judeus pela Alemanha nazista —, que há uma questão ética a ser ultrapassada quando começamos a leitura. Ela depende menos da sinceridade de quem escreve do que de um entendimento sobre a natureza da literatura, seja de ficção ou de não ficção. Porque a verdade narrada por Debreczeni também é uma elaboração formal da verdade, e não é imoral dizer que há técnica nesse exercício, e que ela é necessária para que um leitor distante no espaço e no tempo supere a desconfiança, a resistência a entrar novamente em contato com um material tão obsceno e desolador.

A dimensão técnica num texto é sempre uma dimensão humana. A terceira frase deste *O crematório frio* é "— Paramos — a palavra correu entre aqueles homens desfalecidos, apáticos". Seguimos numa zona indefinida da leitura, na dúvida se viramos a página. O interesse narrativo, porém, começa sempre na miudez da frase: faz diferença saber que a apatia se deve a uma viagem em "vagões de carga baixos" com "identificação alemã", porque essa é uma informação que qualifica o estado psicológico daqueles homens. Do mesmo modo, e ainda nos primeiros parágrafos, a descrição de senhoras na fila dos que serão mandados aos campos anuncia um contraste entre vida e morte que dali por diante — já sabemos, embora ainda não saibamos como — será gradualmente esmaecido: "Ainda ontem borrifavam água-de-colônia no colo e nos braços e, ao se sentar, cuidadosamente cobriam os joelhos com a saia".

Como ensinou Claude Lanzmann, diretor do documentário *Shoá*, a memória de eventos como os que retratou em seu filme é mais nítida quando se começa pelas perguntas pequenas, e a partir daí se chega às grandes respostas. A exemplo de *É isto um homem?*, de Primo Levi, o horror em *O crematório frio* é feito de descrições minuciosas, de uma ética documental férrea, sobre coisas muito menores — e ao mesmo tempo muito maiores — do que a solenidade dos adjetivos. Se este é um livro com subtexto metafísico, no qual o Mal ganha uma face cinzenta, gelada e industrial, as engrenagens que explicam esse Mal não são históricas e nem políticas — não num primeiro momento. Antes, o autor precisa falar sobre larvas de piolho, cigarros, roupas cristalizadas pela geada. A rotina hierárquica acentua o efeito da brutalidade, e os "focos da morte" são também descrições geográficas: "Nós nos tornamos uma cidade rural, de tamanho médio, de Auschwitz. Aqui também ruas se formaram, surgiu a praça do mercado, o cemitério, a latrina pública, o cadafalso".

Para Debreczeni, é como se a câmera panorâmica fosse composta de uma sucessão de closes, e o pensamento estrutural, de insights localizados. O espaço vira a extensão de uma dúvida resignada: "A única certeza é que não estamos em Birkenau, mas que diferença isso faz?". Já o tempo é medido por uma "ração de pão" que indica uma "marcha longa", e o andamento da guerra não está nas estratégias militares, nas posições dos mapas: "Em sua maioria os guardas são jovens. É uma ideia amarga pensar que a situação dos nazistas ainda esteja tão boa que eles podem passar sem esse material humano jovem na frente de batalha".

Conhecida a planície dos detalhes, o absurdo passa a ter outra altura. Hannah Arendt investigou os mecanismos hierárquicos que tornam mais difusa, e frequentemente impessoal, a responsabilidade da ação de médios e altos funcionários nazistas — sem que isso, é sempre bom repetir, os isentasse dos crimes cometidos. Debreczeni parece olhar para o mesmo fenômeno, mas sob uma ótica impressionista, a quente, na qual a mesma impessoalidade deixa de ser burocrática, relativa à assinatura de documentos cuja linguagem é técnica e eufemística, e se torna um monstro vivo de duas faces: uma cruel, direta, pronta para gerar "cadáveres jogados no lixo"; e a outra mecânica, anestesiada num cenário onde vítimas caminham de um lado a outro como "mortos-vivos inchados".

Nesse sentido, a forma do livro se opõe à frieza dos documentos oficiais por meio de um procedimento irônico: em alguns momentos, é como se a linguagem incorporasse a desumanização nazista justamente para denunciar suas estratégias de negação — a animalização das vítimas para praticar uma violência esvaziada de culpa. "Preguiçosamente enfia a mão no coldre", diz o autor/narrador, lembrando da ação de um dos guardas, "tira o revólver e encosta o cano na têmpora de 46514. Estrondo. O homem perfilado cambaleia e cai de cara de volta no buraco." O que choca mais nesse trecho? A morte em si, o advérbio "preguiçosamente" ou o cansaço de ter que registrar a cena, depois de ter registrado tantas outras cenas semelhantes?

Enquanto a barbárie do campo é captada (também) pelos meandros da sintaxe, a estrutura em *O crematório frio* ajuda a dar a ela uma ordem psicológica — que acompanha as sensações físicas, os pensamentos fragmentados em meio à tentativa instintiva de sobreviver. Entre o segundo terço do relato e a conclusão, a humanidade de quem narra é reduzida quase ao ponto zero, e as observações de um mundo tomado pela fome, pela doença e pela morte se limitam a um registro do que o corpo devolve a esse mundo com o fim do desejo e da dignidade: "Cinco minutos depois, ele já não chora mais por causa da mulher. Ele chora porque sua sopa está ainda mais rala do que de costume. Em vão ele procura no líquido ralo, as rodelas de cenoura não querem se revelar".

Se não dá para falar de otimismo num livro como este, há ao menos um elemento que se opõe à destruição: justamente a linguagem, que segue operando ao narrar o que parecia inenarrável.

A memória de Debreczeni segue viva por causa dos fatos da guerra, com a derrota alemã em 1945, e pela preservação de funções orgânicas — pensar, falar, escrever — que nos fazem humanos. Nesse sentido, e mais uma vez, a empatia que temos ao ler *O crematório frio* é impulsionada pelo andamento da história do autor, dentro do sistema do texto: no contraste com tudo o que lemos antes, a distensão das páginas finais fica ainda mais comovente. Agora a vida está em "pudins cor-de-rosa, amarelos e brancos", e a liberdade "sorri para si mesma no reflexo do esmalte vermelho das estrelas dos bonés".

Com sorte, relatos como este causam efeitos no presente — tanto na sensibilidade particular quanto em algum tipo de mobilização política. Numa época de ressurgimento do totalitarismo, seja ele aberto ou escamoteado, baseado na força ou na uniformização das ideias e da cultura, a verdade consegue ressuscitar nos códigos de um relato escrito tantas décadas atrás, tinta preta sobre página branca. Cabe a nós decidir o que fazer disso para que o passado pare de se repetir.

Glossário

Achtung: Atenção.

Apell: Chamada.

Älteste: Comandante.

Antreten: Sentido.

Blockälteste: Comandante do bloco.

Blokessanitec: Sanitarista do bloco.

Culág: Forma hungarizada da palavra alemã *Zulage*, "bônus", em geral uma pequena porção de margarina e alguma geleia.

Flüchtling: Fugitivo.

Häftling: Prisioneiro.

Kápó: Encarregado de outros prisioneiros, normalmente equipado com um cassetete ou chicote.

Krankenstube: Enfermaria.

Lagerälteste: Comandante do campo.

Lagerschreiber: Secretário do campo.

Los!: Vamos!

Mahorka: Nicotiana rústica, uma variedade potente de tabaco com alta concentração de nicotina.

Schachtmeister: Contramestre.

Schonung: Protegido.

Stubenälteste: Comandante do *Zelt*.

Wagenälteste: Comandante de vagão.

Zelt: Barraca.

ESTA OBRA FOI COMPOSTA POR VANESSA LIMA EM MINION E IMPRESSA EM OFSETE
PELA GRÁFICA BARTIRA SOBRE PAPEL PÓLEN NATURAL DA SUZANO S.A.
PARA A EDITORA SCHWARCZ EM NOVEMBRO DE 2024

A marca FSC® é a garantia de que a madeira utilizada na fabricação do papel deste livro provém de florestas que foram gerenciadas de maneira ambientalmente correta, socialmente justa e economicamente viável, além de outras fontes de origem controlada.